Für Th.St. und Batty

Günther Gold

Dimensionen der Wirklichkeit
Teil 3

Die Grundlagen des Nagual-Schamanismus

1. Auflage (2017)

Autor: Günther Gold
Umschlaggestaltung: Günther Gold und Christian Mikulaschek
Umschlagfoto: Alban Bruckner
Printed in Germany

Verlag: tao.de in J. Kamphausen Mediengruppe GmbH, Bielefeld, www.tao.de,
eMail: info@tao.de

Bibliografische Information der Deutschen Nationalbibliothek:
Die Deutsche Nationalbibliothek verzeichnet diese Publikation in der
Deutschen Nationalbibliografie; detaillierte bibliografische Daten sind
im Internet über http://dnb.d-nb.de abrufbar.

ISBN Hardcover: 978-3-96240-017-0
ISBN Paperback: 978-3-96051-930-0
ISBN e-Book: 978-3-96240-018-7

Anmerkungen zum Coverbild:

Ein Geschenk von **Alban B.**; Sand-Pendel-Künstler

Alban erlitt im Jahr 2005 einen schweren Motorradunfall, in dessen Folge er lebensgefährdende Verletzungen davontrug. Er verlor seinen rechten Arm und den Großteil des rechten Beines und zog sich mehrere Brüche im Gesichts-, Kopf- und Brustbereich zu – und noch etliche andere innere Verletzungen (Zwerchfell, Milz, ...), die jede für sich schon ein lebensbedrohendes Problem darstellen würde. Man musste eine Lebertransplantation durchführen und diagnostizierte ein hoch-malignes Lymphom an der Leberpforte.

Nach unzähligen Operationen und einer heftigen Chemotherapie suchte Alban nach seiner „Entlassung“ aus dem Spital bei mir und meiner Lerngruppe in der Spirale um „Heilung“ an.

Die Heilzeremonie war für alle Beteiligten eine sehr intensive Beschäftigung mit Leben und Tod. Alban konnte tiefe Einblicke in seine Geschichte erlangen und führte intensivste Verhandlungen mit sowohl dem „Pirschenden“ als auch dem „Wohlmeinenden Tod“ (über diese Tode, siehe Teil 1, Kapitel 2.2). Augenscheinlich verhandelte Alban sehr gut, denn völlig entgegen allen Erwartungen und Prognosen schaffte er es, seinem Leben – oder was zu diesem Zeitpunkt davon noch übrig war – einen neuen Sinn und eine neue Ausrichtung zu geben. Er fand in Folge eine Anstellung bei einer Prothesen-Erzeugungs-Firma, die sich sowohl sein Talent als Künstler und Techniker als auch seine Möglichkeiten des praktischen Erprobens bei der Entwicklung neuer innovativer Prothesen zunutze machte.

Ich habe noch zehn Jahre später von Freunden gehört, dass es ihm gut geht und hoffe, dass das noch immer so ist und noch lange so sein wird.

INHALTSANGABE - TEIL 3

Die Grundlagen des Nagual-Schamanismus

DAS LEUCHTENDE KOKON

DAS MENSCHLICHE BEWUSSTSEIN

VORWORT

Dimensionen der Wirklichkeit – Teil 3

Grundlagen des Nagual-Schamanismus

Ich habe lange gezögert, diesen dritten Grundlagen-Teil zu schreiben, da das Niederschreiben und Festlegen von Gedanken zu diesem schriftlich bisher meist nur in rudimentären aus Stichworten bestehendem, überliefertem Wissen auch bestimmte Nachteile mit sich bringt. Das, was ich als Basiswissen des Nagual-Schamanismus bezeichne, ist im Grunde eine Ansammlung von vielleicht einem dutzend „Rädern" mit zugeordneten Begriffen. (Dazu, warum das Wissen meist in „Rädern" dargelegt wird, später mehr).

Beschäftigt man sich mit diesen Wissens-Rädern, so bringt man sie in Bewegung, kommt dadurch selbst in Bewegung und sie können ein Fahrzeug werden, das einem zu bisher so noch nicht gekannten, bzw. noch überhaupt unbekannten Erkenntnis- und Erfahrungs-Kontinenten befördert. Klar ist aber auch, dass jeder Lernende und auch jeder Lehrende unterschiedliche Zugänge haben wird und somit, dem jeweiligen Erkenntnis- und Erfahrungsstand gemäß, die Räder auf oftmals recht deutlich verschiedene Weise interpretieren wird. Und so hätte auch ich sicher Einiges dieses 3. Teiles vor ein paar Jahren recht anders dargestellt und gewiss andere Schwerpunkte gesetzt, – und wieder anders würde ich das wahrscheinlich in ein paar Jahren tun. In dieser Tatsache findet sich auch der Grund für mein Zögern, diesen Teil zu schreiben und damit „festzuschreiben".

Was aber andererseits deutlich für diesen 3. Teil sprach, ist, dass ich mich in den anderen beiden Teilen dieser Trilogie an so manchen Stellen nicht groß mit Erklärungen aufhalten muss – was den Fluss des Lesens erheblich stören würde. Ich kann an solchen Stellen einfach einen Querverweis (Genaueres siehe Teil 3, Kapitel ...) einfügen, und der an einer Sache genauer interessierte Leser kann sich – wenn er das will – näher informieren.

Gut, also einen dritten Teil. Beim Schreiben eröffnete sich mir dann schon die nächste zu überspringende Hürde. Es galt, eine Balance zu finden, zwischen: – die Dinge, die eigentlich „banal“ und selbstverständlich sind, nicht zu ausführlich zu behandeln, um den versierten Leser damit nicht zu langweilen, – und dennoch nicht zu vage und ungenau zu sein – und damit dem auf dem Gebiet vielleicht noch nicht so erfahrenen aber interessierten Leser zu wenig Information zu geben. Ich hoffe, dass mir das im Großen und Ganzen gelungen ist, und ich beschränke mich – bis auf ein paar wenige „Ausflüge“ – auf das wirklich Grundlegende, was man in ein paar wenigen Jahresausbildungen erfahren könnte.

Wichtig ist mir dabei in erster Linie, das im Theorieteil so oft angesprochene Paradoxon der nebeneinanderstehenden, einander scheinbar widersprechenden Schöpfungserklärungen der Involution und der Evolution aus nagual-schamanischer Sicht zu beleuchten. (Gemäß der Evolution ist die Grundlage alles Seins die Materie – und Gedanken, Emotionen und Bewusstsein sind bloß Epiphänomene des Materiellen. Gemäß der Idee der Involution ist das Allumfassende Bewusstsein die Grundlage alles Seins und alles Existente sind verschiedene Manifestationen dieses Einen).

Dies ist zugegebener Maßen ein recht kleiner Ausschnitt des unglaublich umfassenden Wissens- und Erfahrungsschatzes des Nagual-Schamanismus. Doch um tiefer darin einzutauchen, wäre es unbedingt erforderlich, sich in der praktischen Anwendung zu üben und dies ist alleine mit „Buch-Anleitungen“ ganz sicher nicht zu bewerkstelligen.

Wenn ich in diesem Buch an manchen Stellen Begriffe amerikanisch-indigenen Sprach-Ursprungs verwende, so kann ich nicht garantieren, dass es sie in dieser Form auch wirklich in einer lebenden indianischen Tradition und mit dieser Bedeutung gibt. Mir wurden sie von meinen Lehrern so übermittelt, ohne genauere Quellenangaben. Manche scheinen aus Lakota-, andere wiederum aus Cherokee- oder auch direkten Azteken- und Maya-Quellen zu stammen. Trotz dieser mir sehr unangenehmen Unkenntnis habe ich mich dazu entschlossen, doch einige dieser – mir durch die Jahre vertraut gewordener Begriffe zu benutzen.

Gar nicht einfach zu entscheiden war, ob ich bei der Beschreibung der Wirklichkeitsentstehung mit der Evolution oder mit der uns nicht so geläufigen Involution beginnen sollte. Ich habe mich letztlich dazu entschlossen, mit der schwieriger zu verstehenden, von mir in den letzten Jahren erarbeiteten, bzw. wo sie in Ansätzen schon vorhanden war, ergänzt und neu definierten Involution zu beginnen. Im Fall, dass einem Leser oder einer Leserin dieser (Involutions-) Beginn zu ungewohnt oder kompliziert erscheint, so möge er/sie die Kapitel 3, 4 und 5 vorerst auslassen und nach den einleitenden Kapiteln 1 und 2 mit dem Kapitel 6 fortfahren. Es ist völlig o.k., das so zu tun, da ich das Buch genauso gut auch so aufbauen und mit der Evolution beginnen hätte können.

Die Entscheidung „die Geschichte des Alles“ sowohl von der Evolutions- als auch von der Involutions-Seite darzustellen, bringt unweigerlich mit sich, dass es manche Überschneidungen und fallweise vielleicht sogar Wiederholungen gibt. Ich hoffe, dass diese als willkommene „Nochmals-Erklärungen“ aus anderer Sichtweise und nicht als „Das weiß ich doch jetzt schon“ empfunden werden.

Es ist mir bewusst, dass im Speziellen in diesem 3. Teil der Trilogie die Art der Abhandlung der Themen auf extrem unterschiedlichen Wissens-, Erfahrungs- und Bewusstseins-Ebenen stattfindet. Dies ergab sich schon alleine durch das Miteinbeziehen der „Kinder-Zählweise“ der 20 Kräfte.

Ein paar Hinweise zur Gliederung dieses 3. Teiles:

Nach einer kurzen Einleitung und Erklärung der Wurzeln des Nagual-Schamanismus, folgt eine Übersicht über das Verständnis des Zusammenspiels von Körper-Seele-Geist, bzw. Materie-Energie-Bewusstsein und die Vorstellung des 7-Dimensionen-Modells des Nagual-Schamanismus.

In den Kapiteln 3, 4 und 5 werden die 20 Essenzen und Grundmuster des Seins, als sich verwirklichende Potentialitäten höherer Dimensionen gemäß der Involution beschrieben und es wird auf ihre Wirkungsweise und Dynamik genauer eingegangen.

Die Kapitel 6 und 7 behandeln die absolut einfachsten Grundzusammenhänge und leiten über zu Kapitel 8, zur „Kinder-Zählweise" der 20 Essenzen gemäß der Evolution. In den Kapiteln 9 bis 12 wird genauer auf diese eingegangen.

Die Kapitel 13 bis 18 befassen sich mit dem nagual-schamanischen Verständnis der „feinstofflichen Anatomie" des Menschen mit kurzen Querverbindungen zu vedischem, tibetischem und tantrischem Wissensgut.

Kapitel 19 bietet einen Überblick über die Evolution menschlichen Bewusstseins bis heute und geht über in Kapitel 20, einem Ausblick, wie es von hier weiter gehen könnte.

1.
EINFÜHRUNG IN DAS WELTMODELL DES NAGUAL-SCHAMANISMUS

So wie bei jedem Weltmodell geht es auch in der Welt-Sicht des Nagual-Schamanismus primär um das Selbstverständnis des Menschen, seinen Platz im Gesamtgefüge der Schöpfung und die sich daraus ergebenden Erkenntnisse und Zusammenhänge.

Im schamanischen Selbstverständnis ist die gesamte Natur ein lebendiges, beseeltes Zusammenspiel, das miteinander ein sinnvolles Ganzes ergibt. Jedes Geschöpf wird für das geehrt, was es ist – und alle sind gleichwertig, wenn auch jedes seine eigenen besonderen Fähigkeiten und Qualitäten hat. Der Mensch nimmt in diesem Zusammenspiel einen, seinen Gaben, Talenten und Möglichkeiten entsprechenden, aber nicht übergeordneten oder gar ausbeuterischen Platz ein.

Die Geschichten und Mythen über die Entstehung der Welt und des Menschen haben in den meisten Stämmen Nord-, Mittel- und Südamerikas sehr ähnliche Charakteristiken.
Meist gibt es den Großen Geist, das Große Geheimnis, das sich als weibliche und männliche Energie-Ausprägung, als Ein- und Ausatmen, als Implodieren und Explodieren erfährt und der pulsierende, atmende Ursprung allen Seins ist.

Wobei aber nicht der Eindruck entstehen sollte, dass dieses Ein- und Ausatmen, dieses Implodieren und Explodieren unbedingt etwas mit der gewagten Urknall-Theorie der Physik zu tun habe, quasi die Ur-Knall-Theorie auf „schamanisch“. Dieser „Ursprung allen Seins“, bezieht sich nicht auf einen „Null-Punkt“ und auf ein „zeitliches“ und „örtliches“ Ereignis, vor dem „Nichts“ da war, sondern auf jegliches Werden, Sein und Vergehen in jedem Augenblick und auf alles was es gab, gibt und geben wird.

Wakan bedeutet in der Sprache der Lakota-Indianer „geheimnisvoll, heilig, unbegreiflich" und ist die Kraft, die alles im Universum miteinander verbindet. Jedes Lebewesen und jedes Ding ist Teil von und hat in sich dieses „Heilige, Unbegreifliche, Geheimnisvolle", eben Wakan – ungeboren und unsterblich. Wird dieses innewohnende Geheimnisvolle, Unbegreifliche „geboren und existent", so offenbart Wakan sich gemeinsam mit **Sasquan**, in der Lakota-Sprache „Das-was-sich-bewegt", als **Wakan Tanka** Great Spirit, das Große Geheimnis.

In diesem Verständnis entspräche Wakan also „Bewusstsein" oder „Spirit" und Sasquan „Energie" in all ihren Ausprägungen, bis hin zur „Materie".

In der Vedanta, den Upanischaden und im Tantra wären dies in etwa „Shiva" und „Shakti", die als Erfahrungsmöglichkeiten des „Brahman" in Erscheinung treten. – Also:
<u>Brahman</u> erfährt sich als <u>Shiva</u> (Bewusstsein) und <u>Shakti</u> (Energie)
<u>Wakan Tanka</u> erfährt sich als <u>Wakan</u> und <u>Sasquan.</u>
(siehe auch Grafik, S. 25).

Ometeotl in der Aztekenkultur bedeutete das weibliche und männliche Prinzip, den Doppel-Gott **Ometecuhtli** und **Omecihuatl** und repräsentierte die kreative Energie und Essenz allen Seins.

Hunab-Ku in der Maya-Kosmologie steht für die Null, den ruhenden Mittelpunkt, aus dem sich die gesamte Schöpfung hinausbewegt. Es ist die Quelle und der Ursprung von Maß und Bewegung. Das Maß des Lichts und seiner 7 Farben und der Bewegungen der 13 schöpferischen Töne – und gemeinsam damit der 20 Essenzen und Grundmuster des Seins.

Hunab-ku ist in der Tradition der Maya das Herz des Kosmos, in dem das Prinzip der Dualität sich in der Einheit auflöst und aus dem heraus alles entsteht. Es ist die Ur-Energie oder vielleicht besser das Ur-Bewusstsein. Alles Leben besteht aus Lichtschwingungen und diese Schwingungen haben eine Quelle aus der sie hervorgehen und zu welcher sie zurückkehren – Hunab Ku.

Es gibt ein Symbol, das für Hunab Ku stehen soll, doch sein Ursprung ist nicht ganz klar. Man fand es zwar auf rituellen Gewändern und auf Teppichen, doch gibt es meines Wissens und seltsamerweise keine Darstellung davon in Stein gemeißelt oder in den diversen bekannten Maya-Kodizes oder Wandmalereien.

Hunab Ku

So dieses Zeichen wirklich für Hunab-Ku steht, so findet man darin eine sehr anschauliche symbolhafte Darstellung des Zusammenspiels weiblicher und männlicher (Schöpfungs)Energien, die sich im Zentrum in einer ineinander verschlungenen weißen und schwarzen Spirale vereinigen bzw. aus dem Zentrum heraus explodieren. Ein Symbol des ewigen Implodierens und Explodierens, des Ein- und Ausatmens, des „Herunter- und Hinauf-Spiralen“ der Evolutions- und der Involutions-Entwicklung, die Verschränkung der Involution und der Evolution, des Zusammenspiels von Bewusstsein und Energie.

Man sieht in den vier Kardinalrichtungen die offenen „Gateways“ und die Portale der Hauptrichtungen von Spirit zu Substanz und von Substanz zu Spirit – und in den Non-Kardinalrichtungen die windmühlenartigen bewegenden Kräfte der Transformationen.

Hunab-Ku ist das Symbol für den Beginn, die Leere, in der die Gesamtheit „alles Möglichen“ als Potential enthalten ist – und die 20 für die Gesamtheit der verwirklichten Schöpfung.

Diese Bedeutung der Zahl 20 als eine Art Zählgrenze, eine überschaubare Einheit, die man sich auch gut vervielfältigt vorstellen kann, war und ist in sehr vielen Kulturen üblich. Man denke nur an die für Nicht-Franzosen doch recht erstaunliche französische Zählweise, in der z.B. die Zahl 98 als quatre-vingt-dix-huit bezeichnet wird – also als vier-zwanzig-zehn-acht (4x20+18). Wahrscheinlich basiert diese „Zählgrenze“-Bedeutung der Zahl 20 für so viele Kulturen auf der Gegebenheit unserer zehn Finger und zehn Zehen.

Neben dieser Zahl 20, die wie schon erwähnt für die **20 Grundmuster und Essenzen des Seins** steht, waren für die Maya noch die Zahlen **28, 13, 7** und **4** von besonderer Bedeutung.

4 – als eine universelle, archetypische Ordnungszahl, (nicht nur für die Maya), steht unter anderem für die **4 Himmelsrichtungen**, die **4 Elemente**, die **4 Jahreszeiten, ...**

7 – als die **„7 (Regenbogen-)Farben des Lichts“**, **„die 7 Emanationen des Bewusstseins“,** für uns Menschen unsere höherdimensionalen Wesens-Anteile, **die 7 Tänzer.** (dazu später).

Es scheint auch so zu sein, dass die **7 Tage** Einteilung eine völkerübergreifende, allgemein übliche Selbstverständlichkeit darstellt. Schon in Babylon und Ägypten gab es diese 7 Tage Einteilung und die Tage wurden allgemein nach den damals bekannten 5 Planeten plus Sonne und Mond benannt. Sonn-tag, Mond-tag, Dienstag (Mardi – Mars), Mittwoch (Mercredi – Merkur), Donnerstag (Dona, ger-

manische Entsprechung für Jupiter), Freitag (Freya, germanische Entsprechung für Venus), Samstag (Saturday – Saturn).
13 – als die **13 schöpferischen Energien** bzw. **Töne,** die sich aus den **10 bewegenden Kräften**, plus den **3 Großen Bewegern**, **der 3-Einheit** – Zeit, Raum (Magma) und Tod (der Leben gibt) zusammensetzen und in jeder „Energie in Bewegung“ also in Allem und in jedem Schöpfungsprozess gemeinsam enthalten sind. (Dazu noch genauer später).

Die 13 steht auch für die **13 Monde** im Jahr zu jeweils **28** Tagen (4 mal 7), was 364 Tage im Jahr ergibt. Dem einen verbleibenden Tag im Jahr (von den Schaltjahren abgesehen) wurde besondere Bedeutung zugemessen. Er fiel sozusagen in vielerlei Hinsicht „aus der Zeit“ und wurde zeremoniell gewürdigt.

Die Zahl 13 taucht auch bei uns immer wieder in allen möglichen Märchen und Mythen auf. (Ganz abgesehen von dem „Unglück“, das sie im allgemein verbreiteten Aberglauben bringen soll – vor allem in Verbindung mit Freitag/Venus).

So ist es in einem Märchen zum Beispiel, die 13te Fee/Hexe, die nicht zum Geburtstagsfest der Prinzessin geladen wird und diese daraufhin verhext. Mit 15 Jahren (erstmalig menstruierend) sticht sich die Prinzessin an einer Spindel und fällt in Dauerschlaf. Erst ein Prinz, der die rotblühende Dornenhecke durchdringt, kann sie – Dornröschen – wachküssen.

Ein Menstruation Zyklus umfasst bekanntlich 28 Tage, 13 mal im Jahr – und sollte daher wohl von uns Menschen als der „fruchtbarste“, von der Natur für uns Menschen vorgegebene und stimmigste Zeit-Rhythmus erkannt werden – und mit ihm wohl auch die Zahlen 4, 7 und 13. Doch von Papst Gregor dem 13. (!) wurde im 16. Jahrhundert die endgültige Festlegung auf den Gregorianischen 12 Monate Kalender durchgesetzt.

1.1 IST ZWANZIG 12 + 8 ODER (AUCH) 13 + 7 ?

Bei der seit dem 16. Jh. üblichen Teilung der 20 in 12 und 8, die uns als 12 = Zeit (siehe das Ziffernblatt der Uhr und die 12 Monate im Jahr) und 8 = Raum (die Himmelsrichtungen) „verkauft“ wird, – wird uns vielleicht in Wahrheit eine ganze Dimension vorenthalten. Denn 8 spannt keinen Raum auf, sondern zeigt lediglich die kardinalen und non-kardinalen Richtungen einer 2-dimensionalen Ebene. Und 12 ist eben nicht 13 (siehe vorhergehenden Absatz), sondern eine durch Raum vermessene und im Raum fixierte „getaktete“ Zeit. Hingegen spannt 7 den Raum einer perfekten Doppelpyramide, einen „Herkimer-Kristall“ auf. Die 4 Hauptrichtungen, das Zentrum und oben und unten. Die beiden „unteilbaren“ Primzahlen 7 und 13, deren archaische, ja magische Bedeutung in vielen Kulturen bekannt war, waren einer machtorientierten, technokratisch-mathematisch organisierten, patriarchalischen Gesellschaft wohl zu unbequem und „unberechenbar“.

Apropos: „unteilbar“:

Es scheint zwei Arten des „Teilens“ zu geben. Die eine, bei „geraden Zahlen“ bei der sich nachher zwei Teile gegenüberstehen, also z.B. 4 in 2 + 2 geteilt, und eine andere, bei „ungeraden Zahlen“, bei der es eine Mitte, einen Wendepunkt einer dynamischen Bewegung gibt also wo z.B. 5 so geteilt wird, dass auf jeder Seite der Mitte (der 3) zwei Einheiten sind.

Nach dieser „Teilweise“ teilt die 7 die 13 in zwei Hälften und bildet somit den Wendepunkt einer 13er (Bewegungs-)Welle.

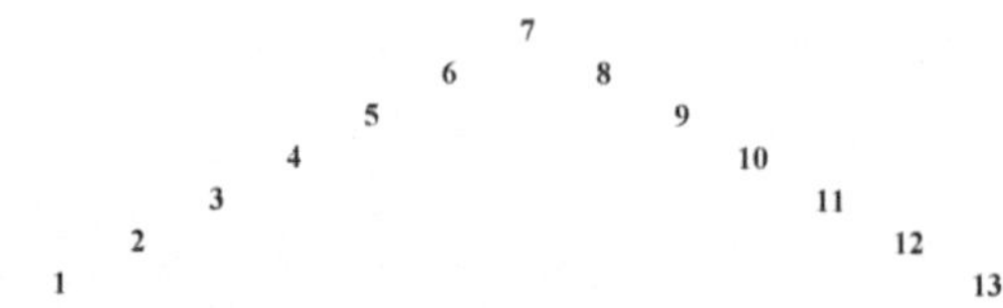

Die Teilung der 20 in 13 und 7 sowie die (Wieder)-Synchronisierung dieser Teilung mit der „20 ist 12 und 8 Teilung“ ist ein wichtiger unverzichtbarer Bestandteil der zeremoniellen Alchemie manch indigener Völker, die den Kontakt zu höherdimensionalen Persönlichkeitsanteilen erleichtert – und wird z.B. bei Pfeifenzeremonien, bei Schwitzhütten und bei Anrufungen mit Evokation, Invokation und Beschwörungen angewandt. (Dazu noch später – Kapitel 10.5)

Die Maya, als überaus kompetente, fast schon davon besessene Beobachter des Sternenhimmels und der Bewegungen der Sterne und Planeten, symbolisierten und ordneten die erwähnten 10 Bewegenden Kräfte bestimmten Himmelsformationen und Planeten zu. (Möglicherweise und sogar wahrscheinlich nicht genau auf die gleiche Art, wie dies heute im Nagual-Schamanismus getan wird, und wie es im Kapitel 3.3 beschrieben wird). Ich kann mir diese große Faszination der Maya von den Gestirnen nur so erklären, dass sie in ihnen belebte, beseelte, bewusste Wesen, riesige (göttliche) Organismen erkannten.

Ein Verständnis des Universums, das mir jedenfalls wesentlich sinnvoller und Sinn bejahender erscheint, als „unser Bild“ eines zumindest zum überwiegenden Teil toten Kosmos, der aus dem Nichts, dem Nirgendwo und dem Niemals explodiert und mit rasender Geschwindigkeit ins Nichts, Nirgendwo und Niemals unterwegs ist und aus riesigen leblosen Gesteinstrümmern und unmöglich heißen Gaskörpern besteht. Wer so ein Bild des Universums malt, daran glaubt und es akzeptiert, der hat wohl unweigerlich auch eine dem entsprechende Einstellung zum Sinn des menschlichen Daseins.

Also diese 10 Zahlen oder „Töne“ (die Planeten) plus Zeit, Raum und Tod, der Leben gibt, sind die 13 Bewegenden Kräfte, die verwoben mit den 7 höheren „Licht-Bewusstseins-Emanationen“ den Teppich des Universums, das Gesamtmuster des Lebens, das Alles, ergeben.

Auf der Grundlage dieser 20 Sonnen (Licht-Symbole) und der 13 Töne (oder Zahlen) erstellten die Maya, – die ja viele verschiedene Kalendersysteme parallel benutzten und vom Messen der Zeit überaus fasziniert waren, – einen ihrer wichtigsten Kalender, den „Heiligen Tzolkin“, einen 260 Tage Kalender, mit dem sie riesige galaktische Zeiträume berechneten. (Z.B. 20 mal 13 Baktuns = 104.000 Jahre, ...).

Diese heilige Zählweise, der Tzolkin, die Kombination von 20 und 13 barg für die Maya das Potential, sich mit dem Alles, mit dem Universum (zurück) zu verbinden und wird auch Kalender der 20 Sonnenzeichen und 13 Töne genannt.

Jedes der 20 Zeichen, Symbole, Energien, ist/hat eine spezielle Qualität, in der sich das Alles ausdrückt und die erfahren werden kann, – ein Tor, das durchschritten werden kann, – um die Gesamtheit der Schöpfung zu erfahren.

Und die 13 bewegenden Kräfte stellen die Art dar, wie dies vonstatten geht. Auf diese Weise kann sich das Große Geheimnis selbst erkennen. Es ist eine Reise des Großen Geheimnisses weg von sich und wieder zurück zu sich selbst, das Entfalten und wieder Einfalten mit dem Zweck des Erfahrens des SELBST, als allumfassendes in allem lebendiges Bewusstsein.

Die Schöpfungsmythologie des Nagual-Schamanismus fußt im Prinzip auf der Mythologie der Maya.

Im Nagual-Schamanismus fällt der Kombination der 20, der 13 und der 7 auch besondere Bedeutung zu, wobei allerdings der Zählung und der kalendarischen Einteilung der Zeit nicht so viel Wichtigkeit gegeben wird, wie der Tatsache, dass das individuelle Erfahren der Zeit, das Erleben eines Augenblickes, eines Jetzt-Momentes nach dem anderen, das Leben selbst bedeutet, und somit **Zeit und der Prozess des Lebens im Raum eine Einheit** darstellen.

Der Mensch wird als multidimensionales Wesen angesehen, wobei das Dimensionen-Verständnis im Nagual-Schamanismus ein deutlich anderes ist als das bei uns gebräuchliche “wissenschaftliche“. Dieses wissenschaftliche Modell geht ja bekanntlich von drei Raum- und einer Zeit-Dimension aus und erklärt dies durch das Zählen von Koordinaten. Den Raum mit den drei Koordinaten Gerade, Fläche, Tiefe und die Zeit als eine Koordinate der Pfeil-gerichteten Energie aus Vergangenheit, Gegenwart in die Zukunft. Dies ist ein schon wirklich sehr abstrakter, technischer, geometrischer und vielleicht auch recht naiver Versuch des Erfassens einer unglaublich lebendigen, vielfältigen und mehr als geheimnisvollen „Lebendigkeit des Seins“.

Zu diesem wissenschaftlichen Dimensionen-Modell konträr geht man im Nagual-Schamanismus davon aus, dass Zeit, Raum und Leben eine untrennbare Einheit bilden. Also: Zeit, Raum und die Prozesse von Leben, Tod und wieder neuem Leben sind die Basis unseres 3-dimensionales Seins und es hat wenig Sinn, diese drei gemeinsam erscheinenden Phänomene zu zerstückeln, da keines für sich isoliert wirklich vorstellbar und schon gar nicht erfahrbar ist.

<u>Der Mensch ist also ein multi-dimensionales Wesen.</u>

Seine Körperlichkeit wird der 3. Dimension (innerhalb von Zeit, Raum und den Kreisläufen von Leben und Tod) – und seine feinstofflichen Fähigkeiten des Denkens und Fühlens werden der 4. Dimension zugeordnet. Darüber hinaus hat der Mensch aber das Potential, Zugang zu den noch höheren Dimensionen 5 und 6 zu erlangen. In diesen Dimensionen ist „Körperlichkeit“, „Denken“ und „Fühlen“ in nahezu unbegrenzter Potentialität als Möglichkeit angelegt. Durch das Erlangen transpersonaler Bewusstseinszustände und durch die Portale des „Traums“ und der „Imagination“ kann man Einblicke und Zugang zu diesen Potentialen gewinnen.

Diese höher-dimensionalen Wesensanteile des Menschen werden **„Tänzer“** genannt, um damit deren schnellere Schwingung und

Beweglichkeit auszudrücken. (Genauer Kapitel 3 oder Teil 1, Kapitel 1.3.6).

Bildlich dargestellt findet man diese höher-dimensionalen Wesens-Anteile immer wieder in Guatemala oder Mexiko auf verschiedenste Weisen auf Stelen, Steinskulpturen, Wandmalereien und sehr schön z.B. auf einem Knochen eingraviert und bunt bemalt, der bei Ausgrabungsarbeiten in Tikal / Guatemala als Beigabe eines königlichen Maya-Grabes gefunden wurde.

Die folgende Grafik zeigt eine sehr schöne Illustration dieser Knochengravur – aus dem Buch; *The Flight of Feathered Serpent*, von Peter Balin. Es handelt sich dabei um eine Darstellung des sogenannten **„spirit-canoe“** in dem unsere sieben höher-dimensionalen Wesens-Anteile – unsere Tänzer – (siehe nächstes Kapitel) – über den ewigen Strom des Lebens paddeln.

© Peter Balin; The flight of feathered serpent; wisdom garden books; 1978.

Eine ähnliche Metapher findet sich auch im Mahayana-Buddhismus. „Mahayana“ bedeutet ja „Großes Fahrzeug“ und auch damit ist ein Boot, ein Kanu gemeint, das uns von Maya, der Welt des Scheins, hin zu Nirvana, der wahren Wirklichkeit befördert. Also ein „Fährschiff“, dass zwischen Tonal und Nagual, zwischen David Bohms Expliziter und Impliziter Ordnung verkehrt. (Siehe Teil 1, Kapitel 6.3); also zwischen den höheren Dimensionen 7, 6, und 5 und den unteren der 4. und der 3. Dimension.

1.2 DIE SIEBEN LICHT-EMANATIONEN DES BEWUSSTSEINS

Obwohl das Weltbild des Nagual-Schamanismus in vielerlei Hinsicht auf dem Weltbild der Maya und der Tolteken basiert, hat es sich natürlich im Laufe der Jahrhunderte und in Folge der mündlichen Weitergabe, den Gegebenheiten, Erkenntnissen und dem Bewusstseinsstand der Menschen der jeweiligen Zeit angepasst und weiterentwickelt.

Und doch erkennen wir die 20 „Essenzen und Grundmuster des Seins“ in der „Zwanziger-Zählweise“ (dem 20 Count), von dem es eine gemäß der Evolution von 1 hinauf zu 20 gibt – **die „Kinder-Zählweise“**, – und eine gemäß der Involution von 20 hinunter zu 1 – **die „Licht-Bewusstseins-Zählweise“**.

Die 13 „Töne“ finden sich in den **10 Kräften des „so below“** (des so unten), dritt- und viertdimensionale „materielle“ und „energetische“ Wirkkräfte, die innerhalb der **3-Einheit** der Gegebenheiten von **Zeit, Raum, und Leben** unsere Wirklichkeit gestalten.

Die höher-dimensionalen Wesens-Bewusstseins-Anteile des Mensch-Seins, **„die 7 Licht-Emanationen des Bewusstseins“**, finden sich als **„die 7 Tänzer“** wieder. – (Die 7 Wesen im Spirit-Canoe).

Noch einmal eine Dimensionsebene „hinuntergespiegelt“ begegnen sie uns wieder als eine zweite **„Regenbogenbrücke“**, als die Bewusstseins-Energien **der 7 Chakren**, als energetische Ein- und Ausgangsstationen und Brücke zwischen Körperlichkeit, Energiefeld und Bewusstseins-Sphären. (Siehe Grafik nächste Seite).

Die sieben Licht-Emanationen des Bewusstseins

und die Regenbogenbrücke

Bild: brasilescola.uol.com.br

Licht wird im Übergang von einem „durchlässigeren“ in ein „dichteres“ aber Licht durchlässiges Medium (z.B. Luft zu Prisma) in ein kontinuierliches Farbspektrum zerlegt.

Das heißt:
Allumfassendes Bewusstsein wird im Übergang von einer höheren, fein-schwingenden in eine verdichtete Dimension in unterschiedliche Bewusstseins-Erfahrungs-Ebenen aufgespaltet.

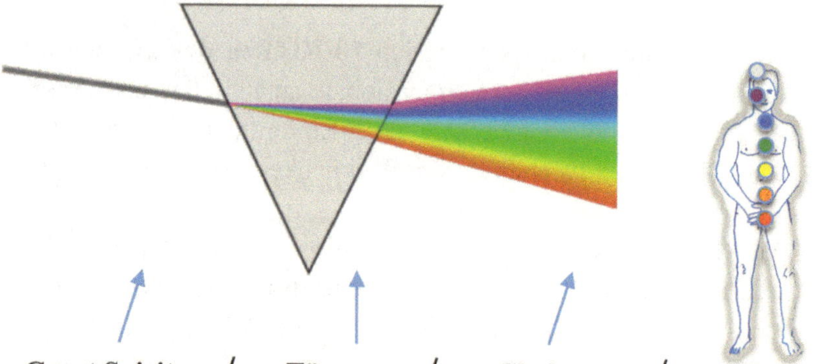

Great Spirit / Tänzer / Chakren / Körper

7. Dim. 6. Dim. 5. Dim. 4. Dim. 3. Dim.

LICHT / BEWUSSTSEIN / ENERGIE / MATERIE

Reines Sein / Bewusst-Sein / Energie / Materie

Allumfassendes Bewusstsein	kollektiv. u. indiv. Bewusstsein	Chakren	Körperlichkeit

1.3 BEWUSSTSEIN – ENERGIE – MATERIE GEIST – SEELE – KÖRPER

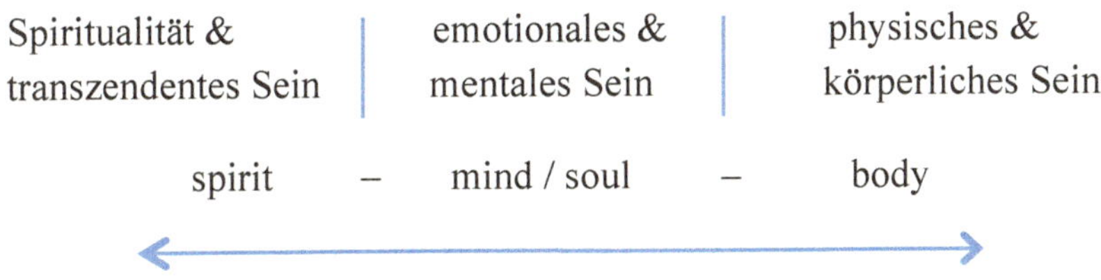

Dieser Zusammenhang findet sich sowohl in der nagual-schamanischen als auch in der vedisch-tantrischen Erklärung der Beziehung: „Materie – Energie – Bewusstsein“ wieder.

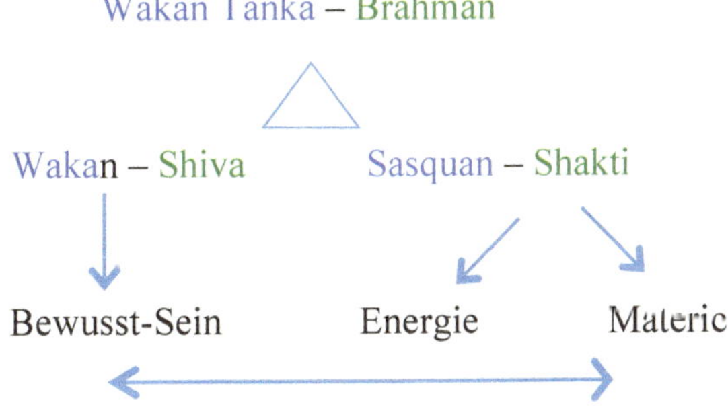

Wakan bzw. Shiva ist das in allen Wesen und Dingen innewohnende, ewige, kreativ-schöpferische Bewusstsein.
Sasquan bzw. Shakti ist die in allen Wesen und Dingen innewohnende, ewige, aktiv sich transformierende Energie.

Anders aufgeschlüsselt: als **„Seins-Pyramide“**

Reines Sein
(allumfassendes Bewusst-Sein)

Bewusst-Sein
GEIST

SEELE **KÖRPER**
Energie **Materie**
mental / emotional physisch / körperlich

allumfassendes
Bewusst-Sein
7. Dim. **20**
kausales Bewusst-Sein
6. Dim. **15**
trans-personales Bewusst-Sein
5. Dim. **10**
Selbstreflektierendes Bewusst-Sein
4. Dim. **3. Dim.** **5**
Mentales- und Emotionales-Sein **Physisches- und Körperliches-Sein**

Eine Erklärung für die auf der rechten Seite der Grafik der vorherigen Seite stehenden Zahlen 5, 10, 15 und 20 aus der 20er Zählweise, die in gewisser Weise für verschiedene Bewusstseinsebenen des Mensch-Seins stehen, folgt in späteren Kapiteln.

Eine noch genauere Erklärung zu den verschiedenen Bewusstseins-Ebenen und den Dimensionen – siehe „Die Evolution menschlichen Bewusstseins“ – (Kapitel 19).

Die Zahlen in der nächsten Grafik stehen für die 20 Essenzen und Grundmuster des Seins und werden in den folgenden Kapiteln im Einzelnen erklärt.

2.
DIE DIMENSIONEN DER WIRKLICHKEIT

Die 20 Essenzen und Grundmuster des Seins – als Struktur

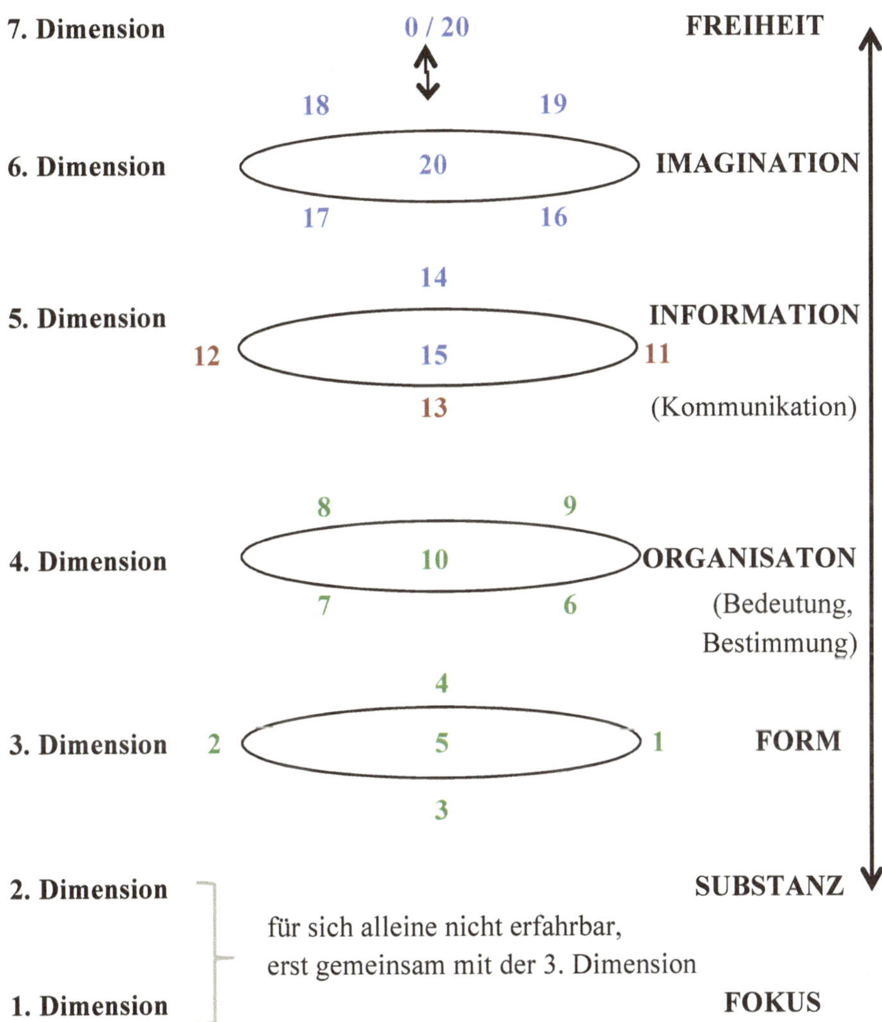

Genauere Erklärung dieser Dimensionen-Einteilung:

Sie ist einerseits sehr übersichtlich und klar, andererseits vielleicht auch missverständlich in ihrer Einfachheit.

So ist beispielsweise der Mensch ein extrem multidimensionales Wesen, das als Körper (5) zwar der 3. Dimension zugeteilt ist, aber schon sein Denk- und Gefühlsvermögen lässt ihn zur 4. Dimension, sein trans-personales „Tänzer-Dasein" zu den noch höheren und höchsten Dimensionen zugehörig sein, – so er zu diesen Dimensionen Zugang erlangt.

Die Dimensionen 1 und 2 – als grundlegende **Zeit- und Raum-Potentialitäten** – haben in dieser Grafik keine zugeordneten „Energien", da sie erst gemeinsam mit und integriert in der 3. Dimension (**Leben**), überhaupt erfahrbar und damit wohl auch „existent" werden. Zeit und Raum erscheinen nochmals als 11 und 12 – sind aber dort „bewusst" (10) erfahrbar (1+10=11, 2+10=12) – und bilden gemeinsam mit 13 (den Kreisläufen von Tod, Leben und Wiedergeburt) eine Art Brücke oder Übergangspforte zwischen den uns normal erfahrbaren Dimensionen 3 und 4 und den jenseits von Zeit, Raum und Leben, wie wir es kennen, „transzendenten" Dimensionen. Des Weiteren sind genaugenommen auch die Dimensionen 3 und 4 nicht zu trennen, da sie als das „Außen" (die 3.) und das „Innen" (die 4. Dim.) aller Dinge und Wesen zugleich erscheinen.

Man kann das Zentrum jeder Ebene, also 5, 10, 15 und 20 als Übergangsmöglichkeit und Schwelle hin zur nächsthöheren bzw. nächstniederen Ebene verstehen. Und somit ergibt sich eine Evolutions- und Involutions-Spirale. Und diese wird in den jeweiligen Kapiteln „Die Involution" und „Die Evolution" ganz genau durchleuchtet.

Letztlich sind alle diese 20 „Kräfte" (Essenzen und Grundmuster) Teile des einen 0 und 20 – und so beinhaltet jede Kraft alle anderen und ist in allen anderen enthalten und mit ihnen verbunden.

Ein interdimensionaler holographischer Spiegeltanz.

Diese Dimensionsebenen der vorherigen Grafik von „oben“ oder „unten“ **auf eine Ebene projiziert – ergibt die im Nagual-Schamanismus übliche Art, wie ein Steinkreis gelegt wird.**

2.1 DIE 20 KRÄFTE ALS STEINKREIS:

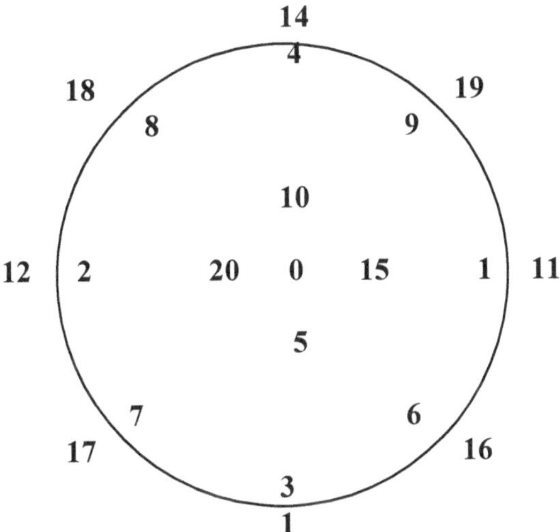

Bei einem **12er Steinkreis** ruft man in dic kardinalen und non-kardinalen Richtungssteine beide, die jeweils niedere und höhere Kraft, gemeinsam in je einen Stein und 5, 10, 15 und 20 ins Zentrum bzw. auch in den Kardinalrichtungen, so man das Zentrum frei braucht.

Bei einem **8er Steinkreis** geht man davon aus, dass man selbst im Zentrum seine Prozesse durchlebt und nimmt sozusagen selbst die Plätze 5, 10, 15 und 20 ein.

Bemerkungen zum Legen eines „Medizinrades“ als Steinkreis:
(Genaueres zu „Medizinrad“ siehe Kapitel 6)

Man tut dies, um mit einer bestimmten Absicht einen Zeremonialplatz zu definieren. Man will vielleicht Antworten und Lösungen auf Fragen oder Schwierigkeiten finden oder sich mit bestimmten Aspekten und Teilbereichen seiner Persönlichkeit befassen. Im Erfahrungsfeld des Nagual-Schamanismus gibt es auch allgemein anwendbare „Zeremonien-Layouts“, die bestimmte Erfahrungen ermöglichen oder begünstigen und einige davon beginnen mit dem Legen eines Steinkreises.

Man „ruft“ in die jeweiligen Richtungssteine (und damit natürlich auch in sich selbst wach) diejenigen Kräfte und Energien dieser Richtungen, von denen man annimmt, dass sie für die Zeremonie hilfreich sein können. Durch das Bestimmen und Abgrenzen dieses Raumes macht man ihn voll und ganz zum eigenen Raum, in dem alles was in ihm zu der bestimmten Zeit geschieht, mit der Frage bzw. der Absicht zu tun hat und auch dementsprechend gedeutet werden kann.

Mögliche Lernerfahrungen: Bewusste Kontaktaufnahme mit „der Natur“ – einen geeigneten Platz finden, die nötigen Steine einladen und sammeln, mit den „Kräften“ kommunizieren, ... - Das Finden, Definieren und Bestimmen einer Absicht, Das Nicht-vergessen und „Halten“ der Absicht verbunden mit dem Loslassen und Sich-überraschen-Lassen, wie und woher eine Antwort kommt, das Deuten verschiedener Ereignisse in Bezug auf die Absicht, ..., u.v.a.m.

An dieser Stelle vielleicht eine kleine Anekdote aus einem Zeremonialworkshop vor vielen Jahren:

Eine der Einstiegs-Zeremonien besteht darin, alleine eine Nacht im Steinkreis in möglichst unberührter Natur zu verbringen. Es geht dabei unter anderem darum, sich seiner Ängste bewusst zu werden, sie zu identifizieren, zu konfrontieren, von ihnen zu lernen und sie zu

Verbündeten zu machen. Man soll erkennen, dass es in Wahrheit nichts zu fürchten gibt und schon gar nicht „draußen“ in der Natur. Im Idealfall entwickelt man ein Gefühl des Zu-Hause-Seins auf dieser Erde, ein Grundvertrauen und tiefe Freude am Sein.

Als ich bei meiner Erklärung des Ablaufs der Zeremonie an die Stelle kam, wo ich sagte: „... und dann legst du deinen Steinkreis“, kam von einem wohl eher ängstlichen aber auch zur Selbst-Ironie fähigen jungen Mann wie aus der Pistole geschossen die Frage: „wie hoch?“.

Beim folgenden **Kapitel 2.2 – Involution und Evolution** habe ich aufgrund der sich ergebenen Seitenaufteilung die beiden Übersichtsgrafiken der Involution und der Evolution dem eigentlichen Artikelanfang vorangestellt, damit man sie zugleich nebeneinander sehen kann.

Übersicht:

Die Involution

der 20 Essenzen & Grundmuster des Seins

als „Licht-Bewusstseins-Zählweise“

von **20** – HUNAB-KU / WAKAN TANKA / GROSSER-SCHLÄFER-TRÄUMER
nach **0** – DIE SONNE

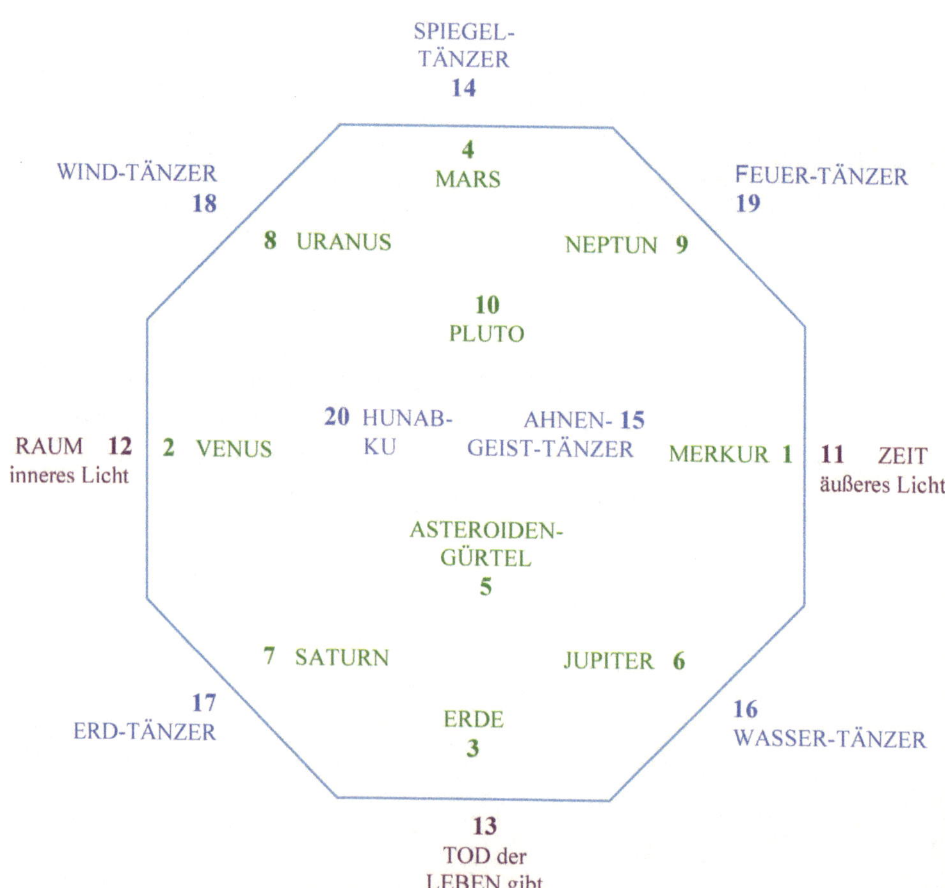

Übersicht:

Die Evolution

der 20 Essenzen & Grundmuster des Seins

als „Kinder-Zählweise"

von **0** – HUNAB-KU
nach **20** – WAKAN TANKA

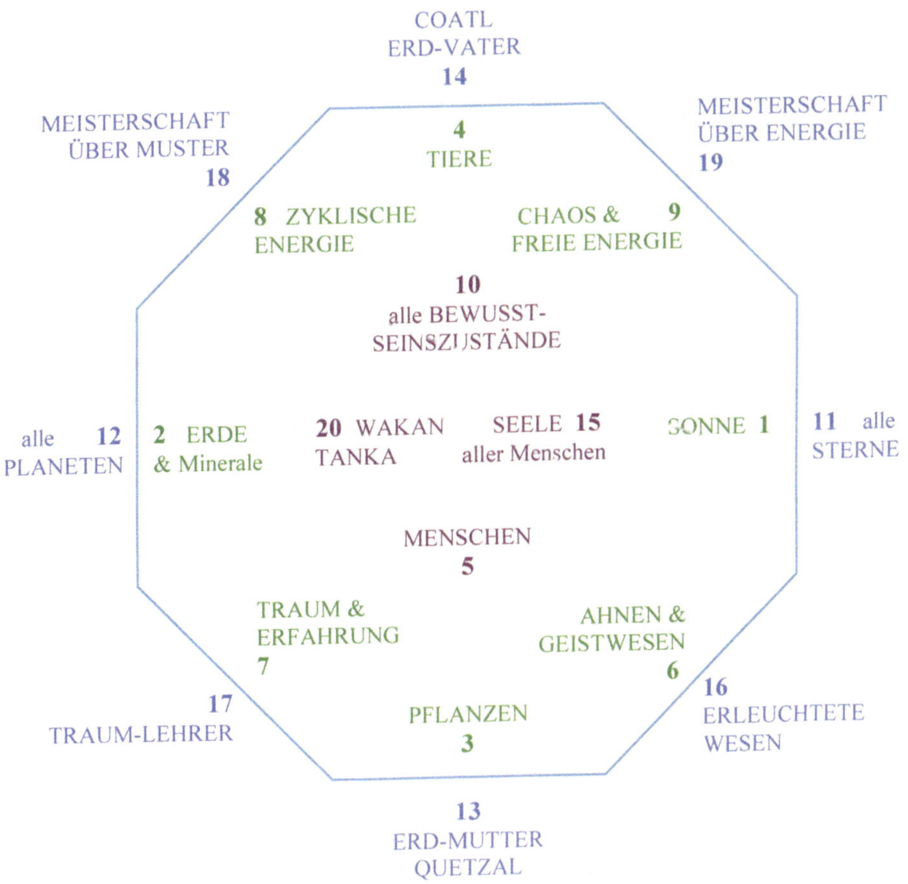

2.2 INVOLUTION UND EVOLUTION

Im ersten Teil des Buches bin ich ausführlich auf die zwei unterschiedlichen Modelle der Entstehungs- und Entwicklungsgeschichte des Universums, der Welt und des Menschen, wie sie sich in den Erkenntnissen der Wissenschaft, der Religionen und der Philosophie darstellen, eingegangen.

Auf der einen Seite die **EVOLUTION** – die Entwicklung vom Grobstofflichen hin zum Feinstofflichen – und auf der anderen Seite die **INVOLUTION** – bei der das Grobstoffliche sich aus feinstofflichen Bewusstseins-Feldern entwickelt. Eine Entscheidung zwischen den beiden Modellen scheint logisch nicht vollziehbar, also ist man hier zu einem „Sowohl-als-auch-Denken" gezwungen.

Ganz diesem „Sowohl-als-auch-Prinzip" entsprechend finden sich diese beiden Ansichten auch im Nagual-Schamanismus beide nebeneinander vertreten. Es gibt eine 20er-Zählung gemäß der Involution und eine, die Evolution beschreibend.

Man kann also diese „Dimensions-Leiter" auf Seite 29 von oben nach unten oder von unten nach oben besteigen.

Dabei wird davon ausgegangen, dass alles Existente sich in 20 Ganzheiten entfaltet und darstellt, und sich immer in 10 Schritten entwickelt.

Die 10 Schritte jeglicher Entwicklung sind:
Fokus / Substanz / Form / Organisation / Information / Imagination / Freiheit / Muster / Chaos und **Vollendung.**
(Diese Schritte werden in Kapitel 10.3 genauer erklärt).

3.
DIE INVOLUTION
der 20 Essenzen & Grundmuster des Seins

Beginnend von 20 = 0, der schnellst schwingenden Licht-Energie entfalten sich die ersten sieben Bewusst-Seins-Energien aus den höheren Dimensionen und ermöglichen innerhalb des Mysteriums von Zeit, Raum und Wandlung (Leben, Tod und neues Leben) die Evolution der „unteren" zehn Energien.

Diese ersten sieben Licht-Bewusst-Seins-Emanationen werden im Nagual-Schamanismus wegen ihrer Schnelligkeit, Beweglichkeit und choreographischen Funktion „Tänzer" genannt. (siehe auch Kapitel 1.1 und 1.2)

3.1 DIE TÄNZER – DIE LICHT-BEWUSST-SEINS-EMANATIONEN

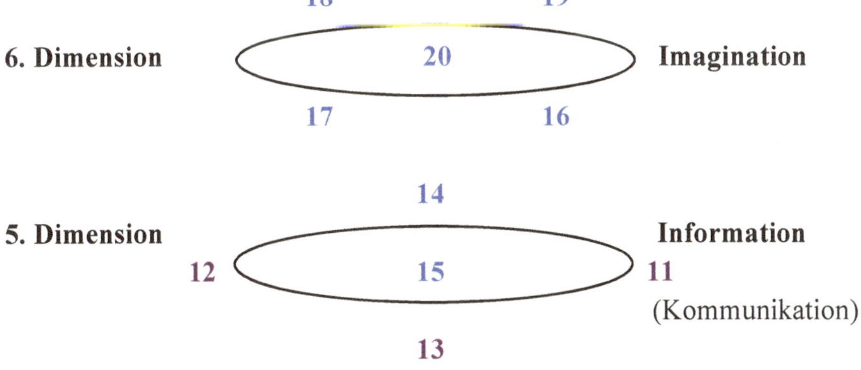

Die 7 Tänzer als Darstellung im „spirit canoe“

Unsere sieben höher-dimensionalen Wesens-Anteile – unsere **Tänzer** – paddeln über den ewigen Strom des Lebens.

Ahnen-Geist-Tänzer	Wasser-Tänzer	Erd-Tänzer	Großer-Schläfer-Träumer	Wind-Tänzer	Feuer-Tänzer	Spiegel-Tänzer
15	16	17	20	18	19	14

0 und 20 – Hunab-Ku WAKAN TANKA

Das Große Geheimnis, der „Große-Schläfer-Träumer“ (in der Mitte des Kanus), der das gesamte Sein in die Existenz träumt.

Reines vibrierendes Licht/Bewusst-Sein bevor es sich in verschiedene Qualitäten und Spektren aufspalten wird. **Pulsierende Licht-Bewusstseins-Energie**. Wenn sie implodiert und explodiert, ein- und ausatmet, – gebiert sie das Element Feuer/Licht und ist schon 19.

19 – Der Feuer-Tänzer HOKKSHIDEHHEY

Auch **Schatten/Feuer-Tänzer** genannt, um damit auszudrücken, dass mit dieser ersten Geburt aus dem All-Einem, die Dualität, eine Welt der Gegensätze geboren wird. Die Möglichkeit, sich getrennt von Allem zu erfahren, Licht und Schatten, Oben und Unten, Innen und Außen, – in Harmonie und Balance. Das „eine“ Licht beginnt zu

„atmen“, zu pulsen – **Elektrische Energie** ...(im Kanu das Jaguar-Wesen, in zweiter Position von vorne)

18 – Der Wind-Tänzer CHULUAMAHDAHEY

Das atmende, pulsierende Licht beginnt sich zu strukturieren. So steht 18 für das Potential aller Muster, Rhythmen, Wiederholungen, und dadurch Regelmäßigkeiten, (Natur)Gesetze, potentielle mentale „Gestalt“-Gebungen. – **Kinetische** (Bewegungs-) **Energie.**

„Mentale“ Archetypen, Im Nagual-Schamanismus sogenannte „She-Thoughts“. Große Bewusstseins-Gedankenfelder, wie Liebe, Frieden, Demokratie, Gerechtigkeit, Autonomie – und alle „Begriffe“, die mit „...heit“, „...keit“ oder „...ät“ enden; also eigentlich keine Begriffe in dem Sinn sind, weil man sie eben nicht an“greifen“ kann. Deren jeweils konkret gelebte, angenäherte Verwirklichungen werden „He-Thoughts“ genannt.

... (im Kanu ist der Wind-Tänzer das Papagei-Wesen)

17 – Der Erd-Tänzer KACHINAHEY

Es entsteht das Potential von Energieverbindungen, die potentielle Möglichkeit aller imaginierbarer Verwirklichungen. Das Potential des Erschaffens „physischer“ Wirklichkeiten. Gleiches zieht Gleiches an und bildet „Gestalten“. – **Magnetische Energie**.

„Physische“ Archetypen, wie Vater, Mutter, Künstler, Magier, Krieger, König, Heiler, Weiser, ..., **„Traumlehrer“**, in dem Sinn, dass sie eine Verwirklichungs-Möglichkeit einer Erlebensqualität darstellen. ... (im Kanu das Affen-Wesen)

16 – Der Wasser-Tänzer AKALOTAHEY

steht für das Potential des Erfahrens des Inneren Lichtes und der Glückseligkeit – somit für potentielle Liebe und alle anderen Gefühls- und Emotionserfahrungen, inklusive der Erleuchtung. ... **Psychische Energie** – ... (im Kanu das Fisch-Wesen)

...

Soweit die vier **„Element-Tänzer"**

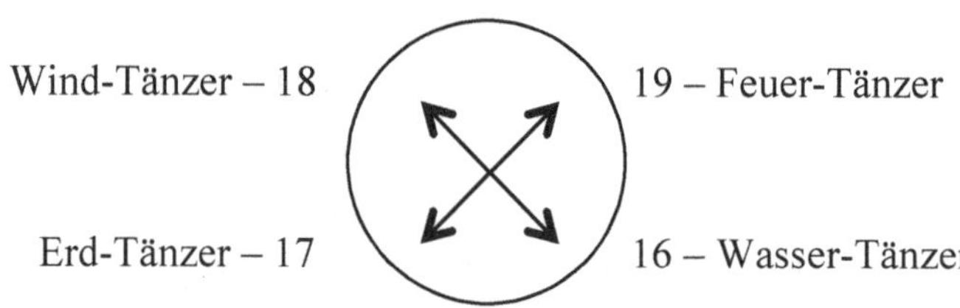

und damit das 6-dimensionale Potential für die 4 Elemente, sowie für das Erleben unserer, den Elementen entsprechenden Seins-Aspekte in niedereren Dimensionen:

- **Feuer / Licht**	–	Expansion und Be"geist"erung,
- **Wind / Luft**	–	mentale Erfahrungen und Konzepte
- **Wasser**	–	Gefühle und Emotionen,
- **Erde**	–	physische Welten und Körperlichkeit

Wir können hier eine **„Bewusstseins-Manifestation"** erkennen, die sich „hierarchisch" gemäß ihrer relativen „Dichte" ordnet:

Feuer – Luft – Wasser – Erde

und für uns Menschen in unserem multidimensionalen Sein gemäß C. G. Jungs' kognitiven Modalitäten erfahrbar werden als:

Intuition – Denken – Fühlen – Empfinden

- **Spiritualität** – Begeisterungsfähigkeit, Sinn & Vision – (5. Dim.)
- **Denken** – (4. Dim.)
- **Fühlen** – (4. Dim.) und
- **Körperlichkeit** – (3. Dim.).

Die Transformation – vom Potential der 6. Dimension (der Tänzer) zur Verwirklichung (als Seins-Aspekte) in den Dimensionen 5, 4 und 3 – wird in der nächsten Grafik durch eine Viertel-Kreis-Drehung im Uhrzeigersinn versinnbildlicht.

Unsere Seins-Aspekte:

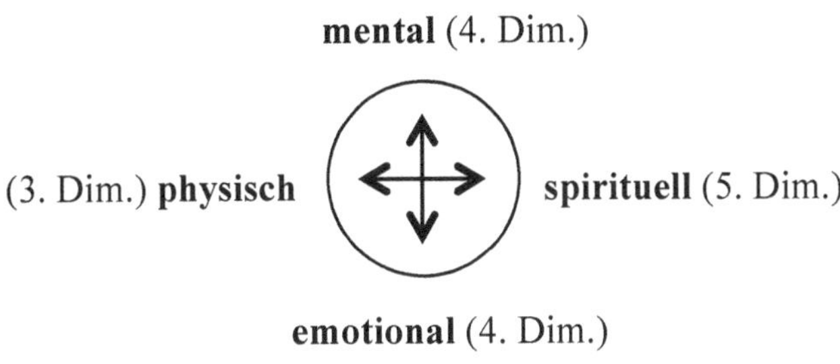

•••

15 – Der Ahnen-Geist-Tänzer CHULUAMAHDA

steht für das „Seelenfeld" der Menschheit und für alle aus diesem Feld heraus kollektiv imaginierbarer und erträumbarer Wirklichkeiten. Das kollektive Bewusste und Unbewusste. Aus diesem Bewusstseinsfeld heraus wird die gesamte „Konsens-Realität", die „Wirklichkeit" des morphogenetischen Feldes der betroffenen Menschen, der „Kultur" bestimmt. ... (im Kanu der Steuermann am Ende des Bootes) – (O MITAKOYASIN – alle meine Verwandten).

14 – Der Spiegel-Tänzer COATL

auch **Traum-Körper** genannt ist die Energie, durch die jede Realität, jeder Traum, jede Imagination ins Da-Sein gespiegelt werden kann. Mit diesem und durch diesen Tänzer kann man durch **„das Doppel"** Zugang zu allen Dimensionen und allen anderen Tänzern erlangen. (Genaueres im Teil 1, Kapitel 1.3.6)

Diese Bewusstseins-Energie ist der Botschafter, auf der „Spiritseite" der Brücke zwischen den Welten des Spirit und der Substanz. ... (im Kanu der Ruderer ganz vorne) – die Verwirklichung des SELBST, von „unten" durch die (Rück-)Verbindung zu Spirit und von „oben" durch das spezifische Verwirklichen einer potentiellen Möglichkeit. („She-Thought" zu „He-Thought").

•••

Diese ersten sieben Energien, die Tänzer, werden auch die **„Großen Treiber“** genannt und sind die in der 7., 6. und 5. Dimension eingefalteten potentiellen Möglichkeiten der Schöpfung. – (Es wird noch einmal im Kapitel 14 in einem anderen Zusammenhang auf die Tänzer eingegangen).

Dieses Schöpfungspotential der 7 großen Treiber entfaltet sich hinein in die Bedingungen und Gegebenheiten einer 3- und 4-dimensionalen Realität. Also in eine Zeit und Raum Dimension, die Leben, Tod und wieder neue Leben ermöglicht.

Die ersten sieben sind, in einer Metapher gesprochen, die „Spielregeln“ und potentiellen Möglichkeiten. Die drei nächsten Energien sind das „Spielfeld“ auf dem gespielt wird, die konkreten Bedingungen – und die unteren zehn Kräfte sind die „Energien“ und „Spielfiguren“, die zur Verfügung stehen und das durch sie verwirklichte Spiel.

•••

Mit dieser durch Erfahrung erkannten Struktur innerhalb der höchsten Dimensionen leistet der Nagual-Schamanismus einen nicht hoch genug einzuschätzenden Beitrag zur Erforschung höherer und höchster trans-personaler Bewusst-Seins-Zustände und Bereiche, aus denen heraus sich ja unser gesamtes erfahrbares Sein und die Welt in der wir leben entfalten. – Es handelt sich um die im Teil 1 sogenannten Bereiche der „Impliziten Ordnung“ (D. Bohm), des „Imagialen Bereichs“ (F. Wolf), des „Absoluten“ (M. Mahesh Yogi), der „Dream-Time“ (der Aborigines), des „Brahman“, des „Spirits“, des „Tao“ und des „Nagual“, denen hiermit erfahrbare und erfahrene Struktur gegeben wird. (siehe auch Kapitel 19.3).

3.2 TOD/LEBEN, RAUM UND ZEIT

Die drei nächsten Essenzen des Seins, „das Spielfeld" – ist so etwas wie ein Zwischenfeld, eine Brücke, ein Übergang von Spirit zu Substanz und von Substanz zu Spirit und hat damit „von oben" (Spirit) kommend eine andere Bedeutung und Wirksamkeit als „von unten" (Substanz) kommend.

13 – Der Tod – der Leben gibt. QUETZAL DEATH

Die ewigen Kreisläufe von Tod, Leben und Wiedergeburt. Der „Tod" hat im Nagual-Schamanismus nicht dieselbe Bedeutung, wie sie ihm in westlichen Kulturen normalerweise gegeben wird, da im Verständnis des Nagual-Schamanismus alles, die gesamte Natur, die gesamte Schöpfung, – also wirklich alles belebt und beseelt ist.

Und somit ist der Tod bloß eine Formveränderung, ein Aufgehen und Verwandeln in eine andere Lebensform, eine andere Möglichkeit des ewigen Lebens sich zu erfahren.

Der Tod bedeutet von der Substanz her gesehen (von unten) das Aufgeben einer spezifischen physischen Form und das vorübergehende Eingehen, die Geburt hinein, in die Spirit-Welten, um „später" in einer neuen Verwandlung wieder Leben zu erfahren.

Von Spirit her gesehen (von oben) bedeutet Tod das vorübergehende Vergessen der Spirit-Welten und das Hineingeboren werden in die Substanz. Es ist das endlose ineinander Aufgehen von Leben und Tod/Verwandlung und wieder neues Leben, wie es am Besten in der Natur zu beobachten ist.

12 – Der Raum MAGMA

Die potentielle Möglichkeit für Verwirklichungen. Der Raum, der durch Leben entsteht und in dem Leben möglich ist – noch ungeformte, bereite, „brodelnde" Substanz (Magma) als das Innere Feuer und Licht. Potentieller „Lebensraum“, der durch das (Er)Leben erst Raum wird.

<u>11 – Die Zeit TIME</u>

Die potentielle Möglichkeit des in diesem Raum in unzähligen aufeinander folgenden Jetzt-Momenten verwirklichten Lebens. Somit auch Zugang zu vergangenen Leben – Erinnerung

Das Äußere Licht der potentiellen bewussten Erfahrung jedes Momentes und jeden Augenblicks.

(Mehr und Genaueres über die Phänomene Raum und Zeit, siehe Kapitel 5, oder auch Teil 1, Kapitel 8)

•••

Dies sind die ersten zehn Kräfte der Involutions-Zählung – <u>noch nicht verwirklicht</u>, – als Potential und **Bewusstseins-Energien**.

Die nächsten 10 Kräfte, befinden sich innerhalb der Gesetze (der Spielregeln und auf dem Spielfeld) von Zeit und Raum und sind die jeweils konkrete Anwendung und Umsetzung der Potentiale der höheren Bewusstseinsenergien. Also 19 zu 9, 18 zu 8, 17 zu 7, 16 zu 6, usw.

3.3 DIE 10 BEWEGENDEN KRÄFTE

In dieser Involutions-Zählung werden die unteren 10 Energie-Manifestationen den Planeten unseres Sonnensystems zugeordnet, und zwar in der umgekehrten Reihenfolge ihrer Entfernung vom Zentrum – der Sonne. (Also von Außen nach Innen – 10=Pluto, ..., 1=Merkur).

Bild: http//earthspacecircle.blogspot.co.at

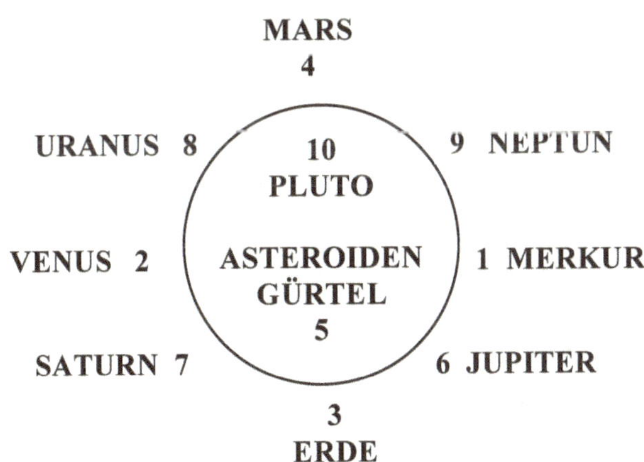

Die Bedeutungen der Planeten und der ihnen zugeordneten Energien entsprechen nicht oder nur teilweise den uns aus der westlichen Astrologie bekannten. Dies wahrscheinlich auch deshalb, weil die energetischen Wirkungen von der Sonne, als Zentrum aus, gedeutet werden und nicht von der Erde aus, wie das ja die Astrologie tut. Und vielleicht ist es wichtig hier anzumerken, dass es sich bei dieser Zuordnung ja auch eventuell nur um eine „symbolhafte" handelt. Ich weiß nicht, wie weit man wirklich davon ausgehen kann, dass man, so man sich der „Bestrahlung" eines dieser Planeten aussetzt, man auch gleichzeitig mit den diesem Planeten zugeordneten Energien „bestrahlt" wird. Aber wer weiß schon darüber wirklich Bescheid, was alles an Information über „Licht" transportiert wird oder werden könnte, und ob Planeten etwas, und zwar unterschiedliches „ausstrahlen".

Für Giordano Bruno sind die Gestirne jedenfalls ... *die allerersten und göttlichsten Lebewesen des Universums; ...*

Und dies waren sie wohl auch für alle Naturvölker aller Zeiten, sowie auch für die Griechen und die Römer in der Antike und genauso wohl auch für die Maya.

Erkennt man die gesamte Realität als belebtes und beseeltes Zusammenwirken, so ist wohl leicht verständlich, dass ein „universelles", riesiges Zusammenwirken unzähliger Bewusstseinselemente, wie es auf einem Planeten geschieht, ein großes übergeordnetes Ganzes ergeben muss, ganz so wie die unzähligen Zellen eines Gehirns gemeinsam im Zusammenspiel mit den unzähligen Zellen eines Körpers als ein Organismus, als ein Mensch wirken können, und zu so etwas wie Mozarts Requiem, Goethes Faust, Platons Philosophie, Keith Jarretts Piano-Improvisationen oder Jimi Hendrix' Gitarrenspiel fähig wird.

Dem entsprechend kann ich mir ganz gut vorstellen, dass ein ganzer Planet, ein Gestirn, ein lebendiges – mit einem riesigen „intelligenten“ Bewusstseinsfeld ausgestattetes – „individuelles“ Wesen mit entsprechender Wirkung und Ausstrahlung ist.

Aber man kann, wenn man das will, die Zuordnung der verschiedenen Energie- und Bewusstseins-Felder zu den Planeten, durchaus auch als symbolisch betrachten, dann wären die Planeten sozusagen Stellvertreter-„Icons“.

Bei den ersten fünf , von „Außen“ (also 10, 9, 8, 7, und 6) handelt es sich um sogenannte Gasplaneten, also Planeten, von denen angenommen wird, dass sie ohne feststofflicher Materie sind. Der Asteroidengürtel (5) bildet ein Übergangsfeld zur Feststofflichkeit der untersten vier (4, 3, 2, und 1.)

4. Dimension

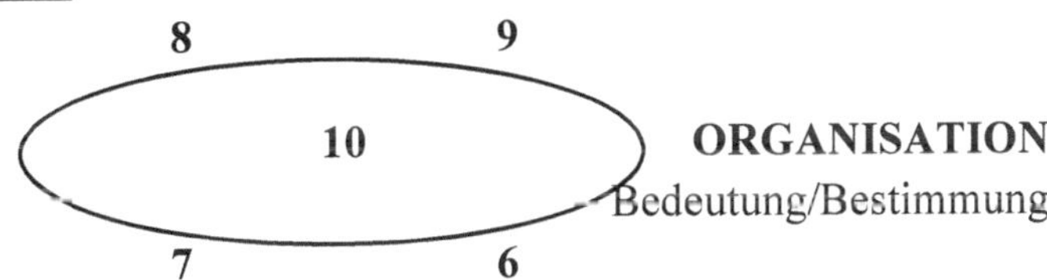

10 – Pluto – alle Bewusstseinszustände

Die Energie dieses Planeten steht für alle Bewusstseinszustände, für das Ausmaß des individuellen Bewusstseins-Anteiles am allumfassenden Bewusstsein. Somit das Selbstreflektierende-Bewusstsein als Teil des Allumfassenden-Bewusstseins. – Als höchstes „mentales“, gehirn-abhängiges Bewusstsein bereit zum Brückenschlag von Substanz (über Zeit-11, Raum-12 und Tod-13) hin zum Spirit des „Heiligen Geistes“, der 14, der Spiegelung des Allumfassenden Bewusstseins.

Diese Energie (10) als balancierter Seins-Zustand bildet und ist das sogenannte **Zentrums-Schild** und kann in Verbindung mit dem Spiegeltänzer (14) das Doppel bilden. (siehe dazu auch Teil 1, Kapitel 1.3.6)

Anmerkung: Neueste Forschungen und Beobachtungen haben infrage gestellt, ob Pluto überhaupt als Planet zu bezeichnen wäre, da er „zu klein" ist. Gleichzeitig hat man aber entdeckt, dass im Umfeld des Pluto noch einige andere solche kleine „Asteroiden" oder Kleinplaneten kreisen, es sich somit in gewisser Weise um eine Art entfernterer Wiederholung des sich zwischen Mars und Jupiter befindlichen Asteroidengürtels handelt.

9 – Neptun – Chaos u. Choreographie der Energiebewegung

Neptun steht für die Art und Weise, wie wir konkret mit Energie umgehen, – wie wir unsere Energie einsetzen. – Er steht auch für Chaos-Energie, also für unentschiedene, noch zu entscheidende Energie, also auch für alle unsere Entscheidungen, Werte und Werte-Hierarchien.

Diese Energie speist das sogenannte **Ost-Schild**, (ein Spirit/Feuer-Schild), durch das die kollektiv und individuell akzeptable Möglichkeit Ost- und Nordost-Energien ins Leben zu bringen, gefiltert wird. Also Feuer, Begeisterung, Sinn und die Entscheidungen und Prioritäten, die getroffen und gesetzt werden.

8 – Uranus – Zyklische Wiederholungen

Er steht für alles, was durch Wiederholung – Muster und gleichbleibende Abläufe erzeugt wird. Also auch für unsere Körperlichkeit und für Gesetzmäßigkeiten und alle Regeln und Gesetze.

Diese Energie speist das **Nord-Schild**, (ein Mental-Schild), und damit unsere mentalen Konzepte über das Leben und seiner Möglichkeiten. Hier bilden wir unsere Philosophien, Glaubenssätze und ...ismen über die „Wirklichkeit".

7 – Saturn – Symbole der Lebenserfahrung

Die Energie dieses Planeten steht für alle Traumsphären, für die konkreten Erfahrungen des Lebens – für die Symbolisierung, die Benennung und das Bedeutung-Zuordnen von Erfahrungen.

Diese Energie speist das **West-Schild**, (ein „physisches" Verwirklichungs-Schild), das einerseits für die Lebensfunktionen unseres Körpers und das Ausmaß seiner Möglichkeiten und Fähigkeiten verantwortlich ist und gleichzeitig als kollektiver Filter für unsere Kreationskraft mitbestimmend ist, – also dafür, was wir ins Leben träumen und verwirklichen können.

6 – Jupiter – Ahnen und Geistwesen

Steht für unsere Ahnenspirale, konkret, als Familie, sowie auch als Kultur und Menschheit und im weitesten Sinn der gesamten Schöpfung. (siehe das Rad der Ahnen, Kapitel 9.6).

Diese Energie speist das **Süd-Schild**, (ein „Emotions"-Schild) und ist somit bestimmend für unser emotionales sich in der Welt fühlen, unser Selbst-Bild, die Selbsteinschätzung, das Grundvertrauen. – Und all das ist natürlich bestimmend für unsere Haltung und unser Herangehen an das Leben.

•••

3. Dimension

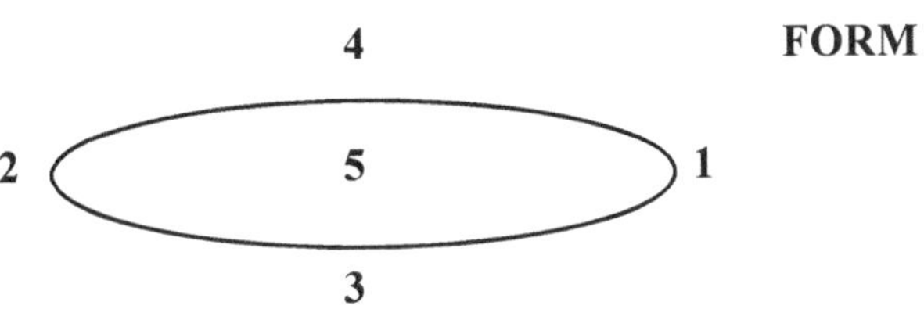

5 – Der Asteroidengürtel – Menschen und Kommunikation

Steht für unsere Fähigkeit zur Kommunikation, der inneren, in und mit uns, sowie der zwischenmenschlichen. Da wir Menschen Wesen mit der Gabe des freien Willens sind, steht diese Energie auch dafür, dass wir unseren freien Willen im Einklang mit der Absicht des Größeren leben.

Der Asteroidengürtel bildet den Übergang von feinstofflicher Energie (4. und 5. Dimension) hin zur 3-dimensionalen Feststofflichkeit. Er steht auch für unsere **Sexualität als Seins-Aspekt**.

4 – Mars

Steht für unsere Fähigkeit in Harmonie und Balance zu leben. Die Mars-Energie macht Konfliktpotential sichtbar und damit (er)lösbar.

Hier findet die konkrete Umsetzung der potentiellen Möglichkeiten des Wind-Tänzers und seiner Einschränkungen und Filterungen durch das Nord-Schild (Mental-Schild) statt. Hier ist unser **Mentales als Seins-Aspekt** zugeordnet. Gefordert ist größtmögliche Offenheit und Flexibilität.

3 – Erde

Steht für ein Leben in Vertrauen und Unschuld. Ein natürliches Sein aller Wesen gemäß ihrer Essenz. Steht für die Energie des Planeten Erde, ohne die Anwesenheit und verändernden Wirkung eines „Natur-entfremdeten" Menschen. Betont ist hier das fruchtbare Mutter-Sein des Planeten als biologisches System „Gaia".

Hier findet die konkrete Umsetzung der potentiellen Möglichkeiten des Wasser-Tänzers gefiltert durch das Süd-Schild (Emotions-Schild) statt. Unsere **Emotion als Seins-Aspekt**.

2 – Venus

Steht für die Fähigkeit Verbindungen herzustellen und aufrechtzuerhalten. Die Kraft der Introspektion, die Fähigkeit aus Innen heraus Realitäten zu kreieren. Weibliche Ei-Energie.

Die Energie des Erd-Tänzers gefiltert durch das West-Schild (Körper-Schild). Die **Körperlichkeit als Seins-Aspekt**.

1 – Merkur

Steht für Aktion, schnelle gerichtete Energie, männliche Samen-Energie.

Die Energie des Feuer-Tänzers gefiltert durch das Ost-Schild (Spirit-Schild). Unsere **Spiritualität als Seins-Aspekt.**

•••

Sehr interessant bei dieser Involutions-Zählung der 20 Essenzen ist wohl die Tatsache, dass hier vom Zentrum **„Sonne“** ausgegangen wird, die somit Hunab-Ku, der **Quelle und** des **Ursprungs von Licht und Bewusstsein** im gesamten Universum, – in unserem „Sonnensystem“ entspricht. – Und unser Heimatplanet Erde nimmt einen, den wirklichen Gegebenheiten unserer kleinen Galaxie entsprechenden, „eingeordneten“ Platz ein und wird nicht als Zentrum betrachtet.

Auch nicht uninteressant ist das Fehlen des Mondes, einer doch sehr dominanten Erscheinung am Himmelszelt. Wobei der **Mond** in anderen Zusammenhängen immer wieder auch der Energie der 11 (alle Sterne und vor allem **Zeit**) zugeordnet wird. Oft findet er auch seinen Platz bei der 9, als **Energiechoreograph**. Der Mond bestimmt die Gezeiten des Meeres und die Menstruations-Zyklen der Frau – und die 13 Mondzyklen im Jahr sind ja vielleicht auch mitverantwortlich für die allgemeine Bedeutung der 13 für (nicht nur) die Maya.

•••

Soweit die Beschreibung der 20 Essenzen und Grundmuster des Seins gemäß der Involutions-Zählweise.

In den nächsten zwei Kapiteln gehe ich auf die oberen beiden der Dimensions-Ebenen und ihrer 10 Bewusstseins-Energien einzeln ein und beschreibe jeweils die Energetik, Dynamik und Wirksamkeit genauer.

Wichtig zu verstehen ist, dass die jeweils im Zentrum befindliche (Bewusstseins-)Energie, also 5, 10 und 15 eine Art Katalysatorfunktion erfüllt, indem sie zur nächst höheren oder auch nächst niederen Ebene die Verbindung herstellen kann und somit eine hinauf bzw. hinunter führende Spirale entsteht.

4.
DIE DYNAMIK UND WIRKWEISE DER 6. DIMENSION

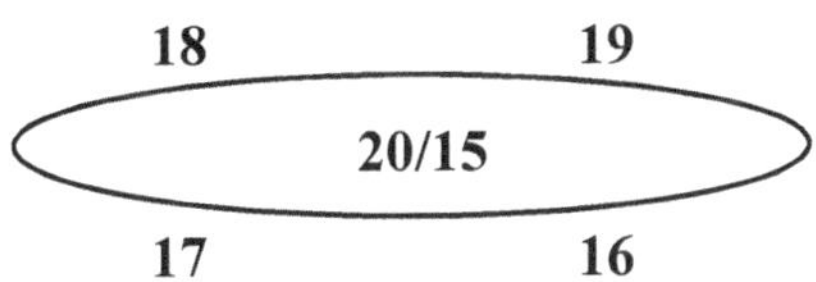

(unbegrenzte) **Imagination**

Das Implodieren und Explodieren des Großen Geheimnisses (20) erzeugt und ist die elektrische Impuls-Energie (19) – um die herum sich Magnetismus bildet (17) und so „elektro-magnetische Energie" entsteht. Es handelt sich dabei um die Bewusstseins-Ebenen des Feuer-Tänzers 19 und des Erd-Tänzers 17 der Involutions-Zählung. Alles, was wir potentiell wahrnehmen können, also sehen, fühlen, denken oder spüren ist in irgendeiner Form „elektro-magnetische Energie".

Im Augenblick des implodierenden und explodierenden Impulses (19) entstehen Rhythmus, Muster, Gesetz und Regelung (18). Das potentiell Wahr-zu-nehmende kann potentiell wahrgenommen werden (gesehen, gefühlt, gedacht und gespürt werden – 16). Und so wählt 16, die „psychische"-Energie aus, bzw. erschafft im Zusammenspiel mit der „kinetischen" Energie (18) durch Wahrnehmung und durch entstehende Muster und Wiederholungen potentielle „Wirklichkeiten", – alles potentiell Mögliche, das Seelenfeld, das morphogenetische Feld der Menschheit, das kollektive Unbewusste und das kollektive Bewusste (15).

Wirksam wird hier das Zusammenspiel der „Elektro-Magnetischen“- und der „Psycho-Kinetischen“- Energien.

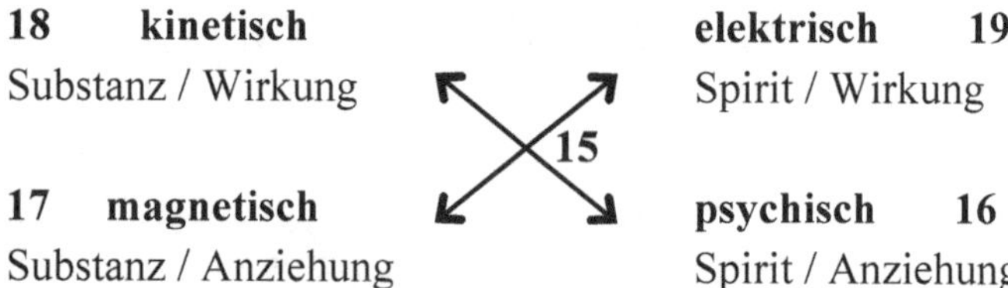

Interessant erscheint hier auch der Zusammenhang mit **Jean E. Charons' Eigenschaften der Photonengase innerhalb der Elektronen**, von denen er ja überzeugt ist, dass sie die Träger des Bewusstseins sind und die Evolution in allen Formen aller Dinge und Wesen vorantreiben. – (siehe auch Teil 1, Kapitel 6.5)

Vielleicht ist es wichtig, hier genauer zu sein, da das Wort „Träger“ auch missverstanden werden könnte. Diese Photonengase und die Elektronen sind im Eigentlichen das Bewusstsein selbst und kein „materieller“ Mikro-Baustein, der Bewusstsein enthält.

Ein Versuch, (bloß ein Versuch!) *die Eigenschaften der Photonengase innerhalb der Elektronen und* die vier Grundkräfte der Physik auf ein Rad zu legen:

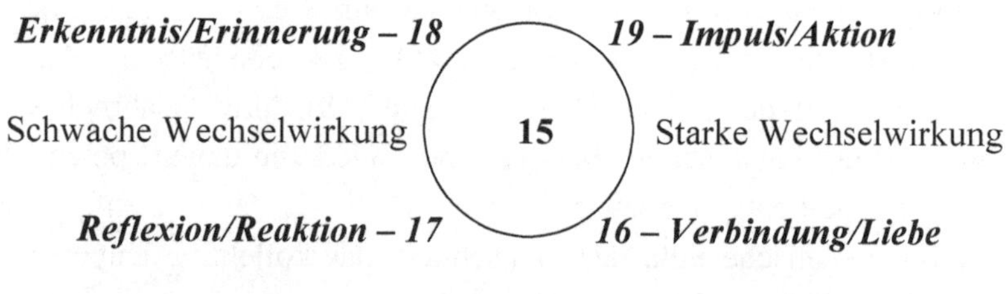

4.1 ELEKTRO-MAGNETISCHE ENERGIE

Das Zusammenspiel von 19 und 17

4.1.1 Elektrische Energie (19)

ist reine Impuls-Energie. Sie entsteht durch das Implodieren und Explodieren, das Ein- und Ausatmen des Großen Geheimnisses.

Es ist eine Art Strahlungs-Energie, ausgesandt von einer Quelle (Hunab-Ku im Universum, die Sonne in unserer Galaxie), die das Potential hat, verschiedenste Formen annehmen zu können, wie Wärme, sichtbares Licht, ...

4.1.2 Magnetische Energie (17)

ist die Energie, die innerhalb eines Magnetfeldes aufgebaut wird. Das Magnet-Feld entsteht in Wechselwirkung mit der Elektrischen Energie und ist als **Elektromagnetismus** eine der vier Grundkräfte der Physik.

Gemeinsam entstehen **elektromagnetische Wellen**, wie Licht, Radiowellen, Mikrowellen, Röntgenstrahlen, Gammastrahlen, usw.

Diese Wellen, zum Unterschied von z.B. Schallwellen benötigen kein „Medium", um sich auszubreiten und bewegen sich in Lichtgeschwindigkeit auch im „Vakuum".

Die elektromagnetische Wechselwirkung ist grundlegend für den Aufbau und die Eigenschaften von Atomen, Molekülen und „festen" Stoffen. Und so ist diese Elektro-Magnetische Energie, das Zusammenspiel des Feuertänzers und des Erdtänzers, die potentielle Kreations-Energie aller belebter „Materie".

4.2 PSYCHO-KINETISCHE ENERGIE

Das Zusammenspiel von 16 und 18

Wenn man mit den Begriffen **„elektro-magnetisch“** und **„psycho-kinetisch“** konfrontiert ist, fällt auf, dass „elektro-magnetisch“ und „kinetisch“ Begriffe sind, die in der Physik klar definiert sind, aber was genau soll **„psycho-kinetisch“** in diesem Zusammenhang bedeuten?

Gemeint ist hier das potentielle Erschaffen und Bewirken von Wirklichkeiten durch das Zusammenspiel des Beobachtetem und dem Beobachter, dem Teilnehmer, – um das Bedeutung-geben des Wahrgenommenen durch den „bestimmenden“ Beobachter, den Teilnehmer.

Mit dem Begriff „psycho- ...“ sind die feinsinnlichen, übersinnlichen Wirkkräfte der 4., 5. und 6. Dimensionen des nagual--schamanischen Dimensionen-Modells gemeint. Es ist das Wirkfeld und das Potential der Verwirklichung durch die Kräfte der „Absicht“ und der „Liebe“. Es kommt die innere Einstellung und Haltung sowie das Auftreten in der Welt und das Herangehen an die Welt zur Wirkung.

„Psycho-kinetisch“ bezieht sich hier auf das potentielle Kreieren von Wirklichkeiten durch sich wiederholende Mustererzeugung – (Fokussieren und Wahrnehmung). Konkretisiert wird das dann auf der Ebene der 4. Dimension durch konkrete Gedanken, Gefühle, Überzeugungen, Absichten, Einstellungen, usw..

... Jede Idee ist ihrem Wesen nach psychokinetisch ... so zitiert Fred Alan Wolf – Henry H. Price, einen Oxford Professor, Philosophen und früheren Präsidenten der British Society for Psychical Research. Und weiter:

... Jede Idee hat die Tendenz, sich in der einen oder anderen Form zu materialisieren. ... wenn Ideen so telepathisch interagieren, dass sie Gruppen-Gedanken-Prozesse erzeugen, dann könnten diese Gruppen-Gedanken-Prozesse ein sogar noch größeres psychokinetisches Potential entwickeln. ... Fred Alan Wolf; The dreaming Universe. (Übersetzung des Autors).

Mit diesen „Gruppen-Gedanken-Prozessen" und ihren „psychokinetischen" Potentialen der Verwirklichung experimentieren und arbeiten wir im Nagual-Schamanismus beständig seit vielen Jahren, sowohl in unseren Gruppen als auch am Lebenstanz. (siehe Teil 2; Praxis)

Man kann **Psycho-Kinetische Energie** auch sehen als ein Zusammenspiel von **„Entelechie" und „Chreode".**

4.2.1 PSYCHISCHE ENERGIE (16)

„Entelechie" ist abgeleitet aus den griechischen Wurzeln „zu haben" und „Perfektion" und wurde schon von Aristoteles verwendet. Es beschreibt:

- Die im Organismus liegende Kraft, die seine Entwicklung und Vollendung bewirkt. – Die sich im Stoff verwirklichende Form. – Der sich zur perfekten Form „formende Spirit". – Die Bedingung, unter der eine Potentialität zu einer Verwirklichung wird. – Der Zustand in dem ein Potential Wirklichkeit wird.

Entelechie = das Ziel in sich tragend

Für uns ist Entelechie – psychische Energie – also dieser Antrieb, der uns dazu bringt, unser Potential zu entfalten und zu verwirklichen. Es ist die Kraft, die sich nicht mit weniger als dem Endziel zufrieden gibt.

Es ist die tiefe Wurzel unseres Gefühls für uns Selbst, für den Glauben an uns Selbst, unsere Willenskraft, das Selbstverständnis und die Selbstsicherheit, das Selbstbildnis, Selbstkonzept, Charisma und Strahlkraft. Der Antrieb zur Entwicklung des Selbst bis hin zur Erleuchtung.

Unser **„Heiliges Bildnis“**, das zur Verwirklichung strebt.

(Der Südosten vieler Medizinräder – 6/16).

4.2.2 KINETISCHE ENERGIE (18)

„Chreode“ ist aus zwei griechischen Wurzeln zusammengesetzt. *„Chre“* – bedeutet „es ist notwendig“ – und *„hodos“* bedeutet „Weg“ oder „Pfad“. *Chreode* kann also definiert werden – ***„als der Pfad dessen, was sein muss“.*** Die Natur sucht immer diesen Weg, denn er ist stabil und es bedarf den wenigsten Energieaufwand, ihn zu gehen. Es ist der Weg des geringsten Widerstandes. Man kann sich *Chreoden* vorstellen als Vertiefungen, als Kanäle, als ausgetretenen Pfad, als schon geschlagenen Weg im Urwald.

Diesen Weg zu gehen, bedarf also am wenigsten Aufwand – die Falle dabei ist allerdings, dass wir so auch „gefangen“ gehalten werden in Ansichten, Verhalten, Routinen, Süchten, die wir vielleicht ändern wollen oder sogar sollten. Doch dies zu tun, bedarf es mehr Energieaufwand als das Gewohnte weiter laufen zu lassen. Je ausgetretener der Pfad, je tiefer die Furche der *Chreode*, je ausgeprägter die Routine, je größer die Sucht, – desto schwieriger die Veränderung. Und man muss so eine Furche ganz verlassen haben und eine neue kreieren, sonst ist der Sog zu stark und man fällt zurück ins alte Muster. (Ins alte Karma).

Naturgesetze – als Gewohnheiten der Natur, Muster und zyklische Abläufe, routinemäßiges Verhalten.

(Der Nordwesten vieler Medizinräder – 8/18).

•••

Wir könnten unsere Entwicklungsgeschichte (sowohl die kollektive als auch die individuelle) betrachten als einen ständigen Konflikt zwischen den Wirkkräften der **Chreoden**, – routinemäßigen Abläufen, Gedanken, Handlungen und der **Entelechie**, – dem Verbesserungsantrieb – also im Wirkungsfeld der psycho-kinetischen Energie.

Hier kommen „höher-dimensionale" Kräfte des „Selbst" zum Ausdruck und zur Wirkung.

Wir müssen uns aber dabei erinnern, dass wir hier im Wirkungsfeld der 6. Dimension bloß von Möglichkeiten und Potentialen sprechen, eben von 19, 18, 17 und 16, dem Bereich der Tänzer. Wie wir diese Bewusstseins-Potentiale wirklich umsetzen, anwenden und leben zeigt sich dann auf der unteren 4.-dimensionalen Ebene, bei 9, 8, 7 und 6, den Bereichen unserer Gefühls- und Verstandeswelten, im Wirkfeld der Konsens-Realität und der Schilde.

Hier im Übergang von der 6. zur 5. Dimension geschieht unter dem Einfluss von 15, dem Seelenfeld der Menschen, den riesigen kollektiven Bewusstseinsfeldern (Bewusstes und Unbewusstes) eine „kulturelle" Filterung des nahezu unbegrenzten Möglichkeitsfeldes der Tänzer-Energien. Dies geschieht unter anderem durch die im Teil 1, Kapitel 2 beschriebenen Vorgänge (Formung, Prägung, Panzerung, usw.). So werden wir in die zur jeweiligen Zeit (11) und am jeweiligen Ort (Raum 12) herrschende Konsens-Realität (die kollektive Trance) eingeschult. Wir entwickeln unsere mehr oder weniger dichten „Schilde" als Filter zwischen den Tänzern und dem verwirklichten Leben.

5.
IM SPANNUNGSFELD DER 5. DIMENSION

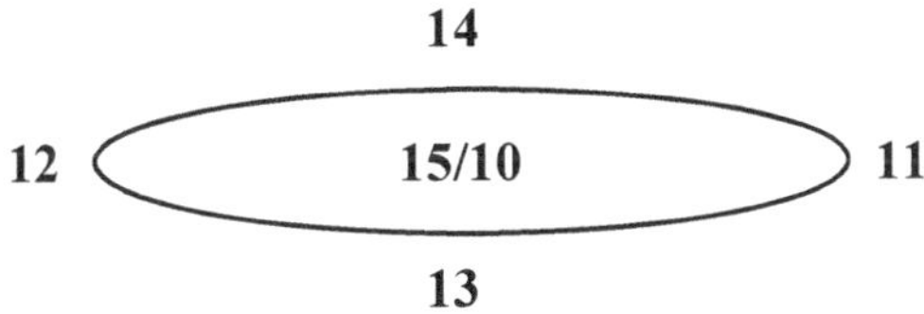

Information, Kommunikation, Verstehen

15 – Das kollektive Bewusste und das kollektive Unbewusste

Von „oben“ der 6. Dimension her ist dieses kollektive Bewusstseinsfeld gefüllt mit den absolut unbegrenzten Möglichkeiten der Imagination. Alles nur irgendwie Vorstellbare hat Verwirklichungspotential.

Von „unten“ her, der 4. Dimension, wird dieses Feld genährt von den konkret gedachten Gedanken, den wirklich gefühlten Gefühlen und den verwirklichten Handlungen.

Es ist ein unglaublich großes, reiches Bewusstseinsfeld gefüllt mit allen Erfahrungen der Menschheit durch alle Zeiten und alle Stadien ihrer Evolution; und damit letztlich auch den Erfahrungen aller Wesen dieser Erde.

Es ist diese Bewusstseins-Ebene, die die sogenannte „Konsens-Realität“ erschafft und am „Laufen“ hält. Aus diesem Feld heraus kreiert sich die kollektiv erfahrene Wirklichkeit – und in dieses Feld hinein muss Wirkung erzeugt werden, will man diese „Wirklichkeit“ beeinflussen.

14 – Der Spiegel-Tänzer – auch Traum-Körper genannt.

In gewisser Weise ist diese Energie das schon viel beschriebene **Doppel**, beziehungsweise der Teil des Doppels, der es ermöglicht höhere Bewusstseinseben zu erfahren. Dies gelingt allerdings nur, wenn die Filter der Schilde, der Konsens-Realität, die Konditionierungen der Alltagswirklichkeit, in die wir normalerweise unentrinnbar verstrickt sind, umschifft werden können. Und das heißt, dass die Aufgeregtheiten der Ego-Ebene, die ach so wichtigen Ereignisse und Emotionen der Alltagspersönlichkeit einen Schritt zur Seite tun können, bzw. mit ihnen auf „erleuchtete", entspannte Art umgegangen werden kann. Erst dann, und nur dann ist der Kontakt zu dieser Bewusstseinsenergie möglich. Der „Heiligenschein" leuchtet auf, die Verbindung, die Kommunikation zwischen Alltagsrealität und den höheren Dimensionen ist hergestellt.

Traum-Körper wird diese Bewusstseins-Energieebene auch genannt, weil durch sie alle Nacht-Träume erfahren werden. Allerdings werden sie zumeist von den „unbalancierten" Schild-Energien gefiltert und erzeugen somit meist Schatten-, Aufarbeitungs-Träume und eventuell Luzide-Träume. Es besteht aber auch das Potential für Spiegel-Träume und bewusst gesteuerte, kontrollierte Träume. (siehe auch Teil 1; Kapitel 2.4)

13, 12 und 11

Wie schon beschrieben sind im Verständnis des Nagual-Schamanismus die nächsten drei Essenzen oder Grundmuster des Seins – nämlich Zeit, Raum und die Zyklen von Leben, Tod und Verwandlung – nicht als verschiedene, getrennte Dimensionen zu verstehen, sondern als gar nicht einzeln erfahrbare Phänomene und Bedingungen des Da-Seins anzusehen. Somit ist es auch gar nicht so einfach sie einzeln zu beschreiben – und die Beschreibungen gehen teilweise auch ineinander über.

13 – Tod der Leben gibt

Tod bedeutet Verwandlung in eine andere Lebensform – und somit entsteht aus jedem Tod neues Leben – und auch dieses wird sich wieder wandeln in ein anderes neues Leben. Ein ewiger Kreislauf oder besser eine Spirale, so die Bewegung eine evolutionäre Richtung ergibt.

Im Übergang von den höheren Dimensionen in die unteren, – bei der physischen Geburt, „stirbt" die Erinnerung an die spirituellen Ebenen und aus potentiellen Möglichkeiten wird konkrete Wirklichkeit „geboren". Beim physischen Tod und dem Übergang von den unteren in die höheren Dimensionen „stirbt" das konkret Verwirklichte und neues Potential wird „geboren". (Leben gibt Tod und Tod gibt Leben).

Die 13 bedeutet auch das Sein im Jetzt, in jedem Augenblick, denn in jedem Augenblick stirbt die „alte Welt" und macht Platz für eine neu entstehende Welt und mit ihr auch für einen neuen Raum und eine neue Zeit. Jeder Jetzt-Moment ist der Tod, der Leben gibt. Das Leben erneuert und verjüngt sich durch den Tod in jedem Augenblick.

12 – Raum – Magma – das Innere Licht

Wie erfahren wir „Raum"? Was immer wir „da draußen im Raum" wahrnehmen ist von uns „von Innen hinaus projiziert" worden. Wie ist es zu uns rein gekommen? Woher ist es gekommen? Gibt es den Raum da draußen unabhängig von uns? Viele Fragen.

Und zum Unterschied von dem Raum der Möbeltischler, Architekten und mathematisch/theoretischen Wissenschaftlern, ist der Raum, hier im Zusammenhang mit Zeit und Erfahrung, kein Raum, der vermessen und durch Koordinaten berechnet werden kann. Dieser Raum ist Weite, ist Ausdehnung und immer zugleich Außen- und Innenraum, gelebter und belebter Raum, Verwirklichungs-Potential, projizierte Wahrnehmung, Gefühl, Bewusstsein und Leben.

Wir, so wie auch alle anderen Wesen und Dinge, **sind Magnetisch-Anziehende-Bewusstseins-Räume** mit dem inneren Licht des ewigen Lebens.

Vielleicht ist dieses Innere Licht ja gebildet von den Aber und Aber-Milliarden von Elektronen und ihren Photonengasen, (so sie das Bewusstsein sind), die ja seit jeher und bis immer leben. Wir sind (und „12“ ist) der Raum für potentielle Verwirklichungen. Das ungeformte Magma aller Möglichkeiten – und wir kreieren den Raum, indem wir uns durch ihn bewegen – also im Raum leben und dadurch Raum beleben und einnehmen. Und wie groß und wie bewusst erfahrbar dieser „eingenommene“ Raum ist, hängt einzig und alleine von unserer Vorstellungskraft ab. Wo beginnt das „Selbst“, und wie weit reicht die Aufmerksamkeit und das Gewahrsein? Vom „hautverkapselten Ich“, – zu einem erweiterten „aurischen Gewahrsein“ – bis hin zum alles umfassenden *„tat twam asi“,* das (alles) bist du.

11 – Zeit – das äußere Licht

Die unendliche Kette der Jetzt-Erfahrungen, mögliches Erleben in potentiellen Räumen – und alles schon Erlebte in vergangenen Räumen und Zeiten, – gelebtes und gestorbenes -– (verwandeltes) Leben in vergangenen Jetzt-Momenten und gewesenen Räumen. Und damit auch das Potential für Erinnerung.

Das äußere Licht in Form von Inspiration – In-„Spirit“-isierung – Be-„Geist"-erung. Eine Ausrichtung hin zum größeren, höheren Bewusstsein, bzw. die Wirkung, die von der Erweiterung, der Expansion, ins „Höhere“ erzeugt wird. – Eine Licht-Bewusstseins-Besamung.

10 – Pluto – und alle Bewusstseinszustände

Diese Bewusstseins-Energie ist der Brückenpfeiler auf der „diesseitigen“ Seite, der gemeinsam mit dem anderen Brückenpfeiler auf der „jenseitigen“ Seite – der 14 – das Doppel bildet und somit die Möglichkeit eröffnet, sich als Mensch auch wirklich multidimensional bis in die höchsten transpersonalen Bewusstseins-Ebenen zu erfahren. Die Brücke, die auf diesen Pfeilern (10 und 14) gebaut ist, spannt sich dann über die Energien von 11, 12 und 13, von Zeit, Magma und Tod hinüber in die „Ewigkeit“ – bzw. auf eine Ebene der Zeit- und Raumlosigkeit, jenseits von Zeit und Raum.
Dies ist allerdings nur möglich, wenn dieser „diesseitige“ Brückenpfeiler stabil gebaut ist. Und das ist er dann, wenn die sogenannten Schilde „ausbalanciert“ sind, sprich die Alltags-Konsens-Realität „erleuchtet“ erlebt bzw. auch transzendiert werden kann.

•••

Noch einmal in anderen Worten

Im Verständnis des Nagual-Schamanismus bilden Zeit (11) und Raum (12) die Grenze, den Übergang zwischen den Kräften des „Oben“ und denen des „Unten“.

Leben innerhalb der Gegebenheiten von Zeit und Raum, eine „definierte“ Wirklichkeit, erscheint erst diesseits (unterhalb) der Zeit-Raum- und Tod/Leben Schwelle. Jenseits davon, also in den Dimensionen 6 und 7 ist alles „nur“ als Potential vorhanden und somit (noch) nicht existent. Erst im Wirkungsfeld von Zeit und Raum kann Möglichkeit zu Wirklichkeit erhoben und somit für uns 4- und 3-dimensional erleb- und erkennbar werden.

Die vierte Dimension, mit ihren Energien 6, 7, 8, 9 und 10 erträumt, erwirkt, entfaltet durch den 5-dimensionalen Schleier gebildet von 11, 12, 13, und 14 die Wirklichkeit – aus der höheren 6. Möglichkeits- und Imaginations-Dimension 15, 16, 17, 18 und 19.

Der Schlüssel dazu ist:

Die Brücke von 10 zu 14, die sich über die schon bisher erträumten Wirklichkeiten der 3- und 4-dimensionalen Realität innerhalb von 11, 12 und 13, des Erlebens im Zeit und Raum-Kontinuum, spannt.

10 – beinhaltet das Ausmaß der erlangten und momentan zur Verfügung stehenden Bewusstheit, das gehirn-abhängige Bewusstsein, und das Niveau seines Grades an Selbstreflektion und Erkenntnis. Das Ausmaß der Balance und Reife innerhalb der Schild-Energien, – sprich emotionale Balance, physische Stabilität, mentale Flexibilität und spirituelle Begeisterungsfähigkeit, also das Sein im „Zentrums-Schild", – geben den Ausschlag inwiefern überhaupt und wie erfolgreich dieser Brückenschlag hinüber zu 14 möglich sein kann. (Siehe auch: Das Rad, der balancierten Schilde, Kapitel 9.10)

... Und unser „Selbst", nicht das „Ego", sondern unser transpersonales Selbst, unser „Selbst-Bewusstsein", unser „Sich-Seiner-Selbst-Bewusst-Sein" ist die Brücke, durch die wir bewusst teilhaben können am allumfassenden Bewusstsein des Alles, – so es gelingt die Konditionierungen des Egos zu umgehen. Und diese sind: die Einschränkungen und Filter der „Schilde", sowie die Identifikation mit dem Körper, den Gefühlen und dem Denken, sowie das Akzeptieren der Allein-Gültigkeit der Konsens-Realität ....
(G. G. – zitiert aus Teil 1, Kapitel 4.7)

14 – als der Spiegeltänzer, der Traumkörper, ermöglicht den Zugang zu den allerhöchsten Bewusstseins-Energien der 5. und 6. Dimension.

Der gelungene Brückenschlag zwischen 10 und 14 ist das schon oft erwähnte „Doppel".

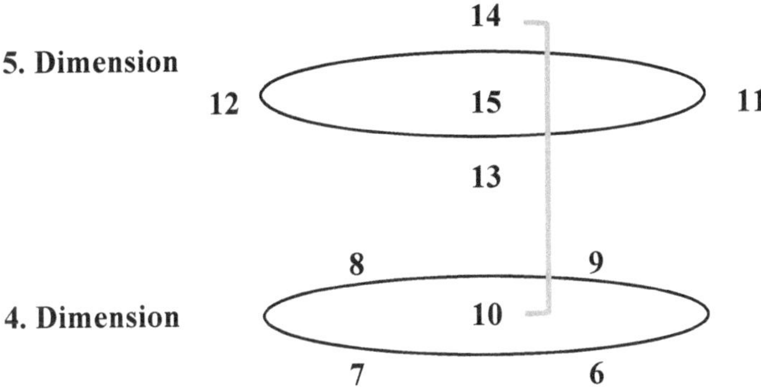

Und dieser Bereich zwischen 10 und 14, zwischen dem gehirnabhängigen Bewusstsein und seinem evolutionären Entwicklungsstadium - und möglicher trans-personaler Bewusstseinsstadien verdient besondere Aufmerksamkeit, und so werde ich diesen 3. Teil der Trilogie mit einer genaueren Untersuchung der „Evolution des menschlichen Bewusstseins“ (Kapitel 19) beenden.

•••

Ich habe bis jetzt die Wirkweisen, Spannungsfelder und Dynamiken der höheren 10 Essenzen und Grundmuster des Seins im Sinne der Involutions-Entwicklung „von oben“ her noch genauer als schon im Kapitel 3 beschrieben. Würde ich das jetzt mit den „niedereren“ Bewusstseins-Energien 9 bis 1, – also den Ebenen der 4. und der 3. Dimension – weiter machen, so wären das sehr ähnliche bis gleiche Beschreibungen, wie ich sie auch bei der Erklärung der Evolutionsbewegung der Kräfte tun müsste.

Aus diesem Grund gehe ich jetzt über in die Beschreibung der Evolutions-Entwicklung dieser Essenzen und Grundmuster des Seins. Ich tue dies auch, um das Zusammenwirken der Involution und der Evolution durch dieses Verweben zu verdeutlichen.

•••

Doch vorher noch ein paar Bemerkungen zum Aufschreiben und Darstellen der Zusammenhänge in „Rädern“.

6.
MEDIZIN-RÄDER

Traditionell gab es ja meist nur mündliche Überlieferungen, womit auch sichergestellt war, dass aus Wissen kein „festgeschriebenes" Dogma wurde, sondern dass das Wissen ständig den Gegebenheiten und Anforderungen der Zeit entsprechend übersetzt, gewichtet und angepasst wurde – es sich mit der Veränderung auch mitentwickelte und so lebendiges Wissen blieb.

Leben ist Veränderung, ein Prozess. Es gibt nichts Fixes, nichts Lineares, keinen absoluten Anfang, kein Ende. Die Bewegungen und Abläufe des Lebens sind zyklisch. Die sinnvollste Darstellungsweise von Zusammenhängen ist darum der Kreis – bzw. um klarzumachen, dass auch der in Bewegung ist, – das Rad.

In indianisch-schamanischen Traditionen spricht man von „medicine-wheels“, Medizinrädern. Und es gibt davon viele dutzende. Einige der grundlegendsten werde ich kurz vorstellen. Aber warum heißen sie „Medizinräder"? und nicht Wissens-, Lehr-, Erkenntnis-Räder oder so ähnlich?

In westlichen Gesellschaften wird der Begriff „Medizin“ meist für ein Heilmittel, eine Arznei verwendet – und auch im indianisch-schamanischen Verständnis geht es dabei um Heilung, allerdings um einen weit größer gefassten Begriff des „Heil-Seins“.

Es geht um das Heil-Sein im Denken, Fühlen und Handeln und dazu gehören Wissen, Verständnis, persönliche Fähigkeiten und Kraft genau so dazu, wie so zu leben, dass man nicht nur selbst heil ist und bleibt, sondern auch die Familie, die Freunde, die Menschen, und alles, was man durch sein Leben "berührt", also das gesamte Umfeld heil sein kann.

So hat jedes Wesen seine „medicine“ oder sein „give-away“, womit das gemeint ist, was es dem Leben schenkt, die Art, wie es sich – die Welt bereichernd – ins Leben einbringt.

Meine „medicine“, meine Medizin ist also meine spezielle Art, mein Leben zu leben und damit (hoffentlich) zur Heilung und zur Gesundung von mir selbst und möglichst vieler anderer Geschöpfe der Erde beizutragen.

Medizinräder sind also Heilräder und gleichzeitig auch Wissens- und Lehrräder, die Zusammenhänge auf einem Blick erkennen lassen. Sie haben keinen Anfang und kein Ende, alles ist gleich wichtig, gleich weit vom Zentrum entfernt, bedarf einander und steht in Bezug zueinander – und man kann auch durch das Übereinanderlegen verschiedener Räder sofort Erkenntnisse und Schlüsse ziehen, da den verschiedenen Richtungen auch bestimmte Energien zugeordnet werden. Und so wird durch dieses Denken in Rädern eine Art des Denkens in Zusammenhängen, Beziehungen, Verbindungen und Analogien geschult und das spiegelt sich wider in der Art der Betrachtung der Welt und in der Haltung und Einstellung, die man zu sich selbst, den anderen und der Welt im Allgemeinen entwickelt.

https://vistaalpasadodeindias files.wordpress.c

Die Darstellung und Aufzeichnung in Rädern geht zurück über die Azteken zu den Maya und wahrscheinlich noch weiter zu den Olmeken, da beide Kulturen von diesen abstammen dürften.

Der Aztekische Sonnenstein
oft irrtümlich als Maya Kalenderstein bezeichnet.

Erstaunlicherweise hatten alle diese Kulturen das Rad zur Fortbewegung und zum Lastentransport aber nicht "erfunden" und nicht benutzt.

Üblicherweise werden Begriffe auf den Rädern in den Hauptrichtungen Süden, Norden, Westen, Osten und Zentrum – und oft auch noch in den Zwischenrichtungen angeordnet.

Es wird davon ausgegangen, dass jede (Himmels)Richtung ihre eigenen Qualitäten und Eigenschaften hat. Und somit können durch das Übereinanderlegen von Rädern, zusätzliche Erkenntnisse erlangt werden, und eine „andere" Art des Denkens – in Zusammenhängen, Beziehungen, Affinitäten und Assoziationen – wird geschult.

7.
GRUNDLEGENDE ZUSAMMENHÄNGE – DIE BASIS-RÄDER

Hinleitend zur Kinder-Zählweise der 20

Bei dieser Art, die Kräfte und Energien zuzuordnen, erscheint vieles fast schon zu einfach und banal – eben fast schon kindlich. Vielleicht heißt sie ja auch deshalb Kinder-Zählweise. Vielleicht wäre es aber (und war es vielleicht auch) eine gute einfache erste Möglichkeit, Kindern die Welt und so manche grundlegende Zusammenhänge des Lebens zu erklären.

Diese Aufzählung und Zuordnung der Kräfte und Energien beginnt erst, nachdem die Elemente als Grund-Bausteine des Lebens schon bestehen.

7.1 DIE ELEMENTE

Aus der Dualität, dem Spannungsfeld von weiblichen und männlichen, nach Innen und nach Außen gerichteten Kräften, entstehen zuerst die vier Elemente: Luft, Feuer, Wasser und Erde. Das Feld, aus dem sie entstanden sind, ist das fünfte, bzw. erste Element, die – prallvoll gefüllt mit dem Potential für alles Imaginierbare, ganz und gar nicht leere – „Leere“.

Das Weibliche wird zum Element Erde, das Männliche zum Element Feuer. Das Auffassende, Erfassende im Männlichen wird das Element Luft (bzw. Wind, für die meisten Indianerkulturen) und das Kreative, Schöpferische im Weiblichen wird das Element Wasser.

weiblich = empfänglich / schöpferisch = Erde und Wasser
männlich = aktiv / erfassend, auffassend **= Feuer und Wind.**

Eine mögliche Darstellung dieser Zusammenhänge unter Verwendung des aus östlichen Weisheitslehren wohlbekannten Symbols des **Yin-Yang-Zeichens** würde so aussehen:

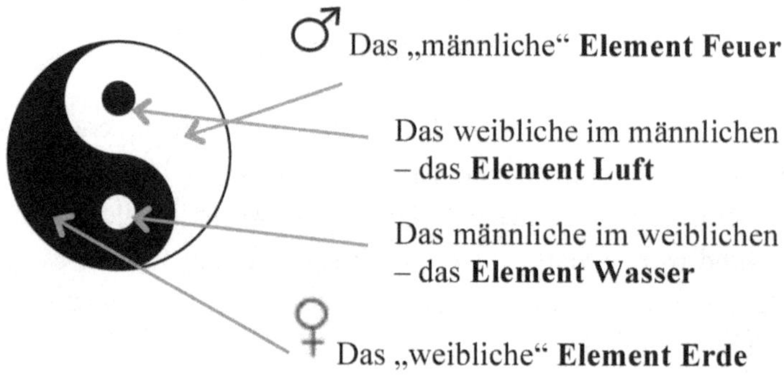

männlich = Feuer - aktiv / Luft - erfassend, auffassend
weiblich = Erde - empfangend / Wasser - kreativ, schöpferisch

Das Yin-Yang-Symbol steht aber nicht nur für die Zusammenhänge von weiblich und männlich, sondern auch für das Verhältnis von GEIST (Bewusstsein, Spirit) und KÖRPER (Materie).

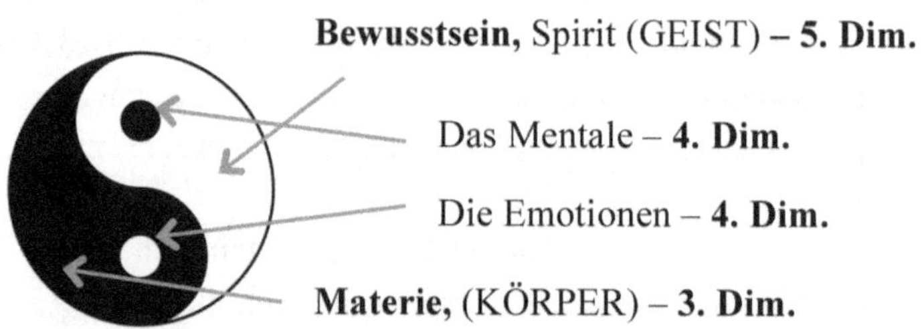

GEIST (Spirit) und KÖRPER – sind das „Außen"
MENTALES und EMOTION – sind das „Innen".

Anders, in der üblichen „Rad-Formation“ dargestellt:

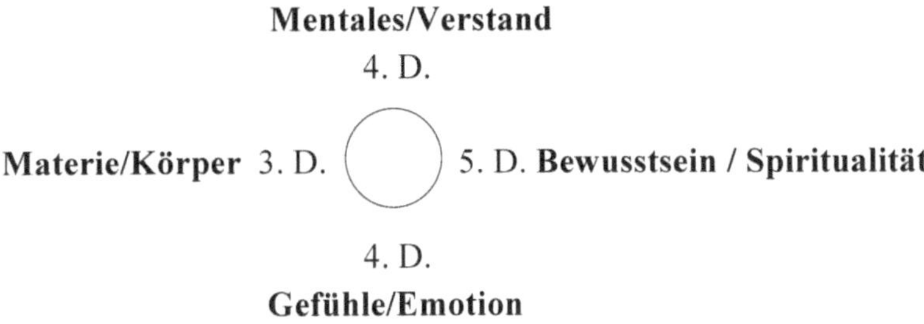

7.1.1 DAS RAD DER ELEMENTE:

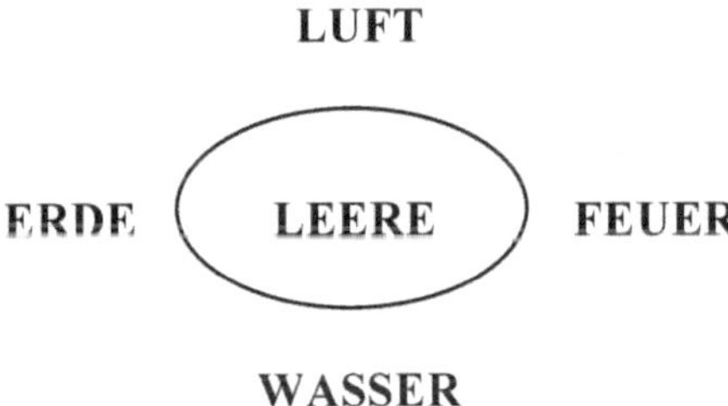

Spannenderweise ergibt sich hier eine völlige Übereinstimmung mit den uralten hinduistischen Weisheitslehren der ***Vedanta***; genau genommen mit dem System des **Vaisheshika,** einem der klassischen sechs Systeme der indischen Philosophie.

Auch hier werden die fünf Elemente genauso zugeordnet und beschrieben, wobei das fünfte Element im Zentrum meist „Ether“, in manchen Übersetzungen auch „Raum“ genannt wird – (akasha).

7.1.2 DIE AGGREGATZUSTÄNDE DER ELEMENTE

7.1.3 DAS RAD DER SINNESWAHRNEHMUNGEN

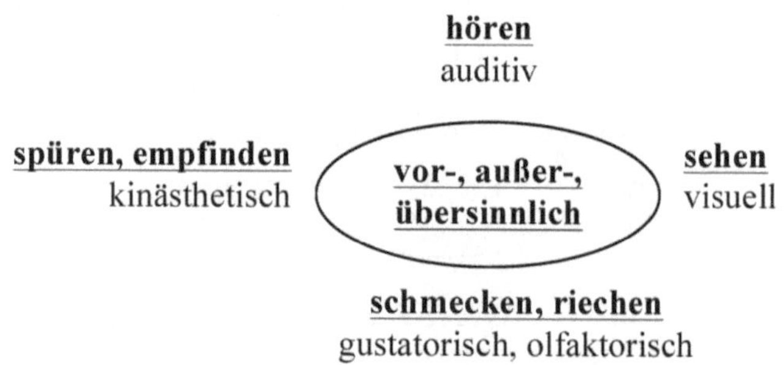

7.2 DIE QUALITÄTEN DER (HIMMELS-)RICHTUNGEN

Wie schon erwähnt, werden den verschiedenen (Himmels)Richtungen bestimmte Qualitäten und Energien zugeordnet. So wie sie hier beschrieben sind, stimmt das natürlich nur für die Nordhalbkugel unseres Planeten.

Im **Osten** „geht die Sonne auf", woraus sich in Folge ergibt, – diese Richtung steht für Licht, Wärme, das Element Feuer, die Farben Gelb und Gold, für die Erneuerung, Expansion und weiterer, sich wieder daraus ergebender Qualitäten.

Im **Westen** geht die Sonne unter, sie „versinkt in der Erde", es wird Nacht, woraus sich in Folge ergibt, – der Westen steht für das Element Erde, die Farbe Schwarz, Veränderung, Innenschau und weiterer, sich daraus ergebender Qualitäten.

Der **Süden** steht für das Element Wasser, die Farbe Rot (das Blut), die Entstehung des Lebens und das Heranwachsen in Vertrauen und gemäß der eigenen Essenz – und weiterer, sich wieder daraus ergebender Qualitäten.

Der **Norden** steht für das Element Luft bzw. Wind, wie die Indianer es benennen, seine Farbe ist Blau oder Weiß, Klarheit, Harmonie, Balance, Flexibilität und weiterer sich wieder daraus ergebender Qualitäten.

Diese Zuordnung ist nicht die einzige, die es gibt. In verschiedenen indianischen Traditionen finden sich auch andere Qualitäts- und Farb-Zuordnungen.

Auch bei den Maya war (meines Wissens nach) die Zuordnung etwas anders: Norden – weiß und Westen – schwarz waren gleich, aber dem Osten wurde rot und dem Süden gelb zugeordnet. Grün war die Farbe des Zentrums.

Im Nagual-Schamanismus, wie ich ihn kennengelernt habe, war jedenfalls die oben beschriebene und in der nächsten Grafik zusammengefasste, die gebrauchte Zuordnung.

Die Qualitäten der Richtungen im Überblick

Farbe: **weiß od. hellblau**
Element: **Luft**
Welt: **Tiere**
Aspekt: **mentales Erleben**
Kraft: **Harmonie, Balance, Weisheit, Logik**

Farbe: **dunkelblau oder grau oder braun**

Farbe: **grün**

Farbe: **schwarz**
Element: **Erde**
Welt: **Minerale**
Aspekt: **körperliches Erleben**
Kraft: **Innenschau, Intuition**

Farbe: **violett, amnetist**
Element: **Leere**
Welt: **Ahnen, Geistwelt**
Aspekt: **Seele /Sexualität**
Kraft: **Vitalkraft, Atem, Chi**

Farbe: **golden, gelb**
Element: **Feuer**
Welt: **Menschen**
Aspekt: **spirituelles Erleben**
Kraft: **Expansion, Erneuerung, Erleuchtung**

Farbe: **türkis**

Farbe: **orange**

Farbe: **rot**
Element: **Wasser**
Welt: **Pflanzen**
Aspekt: **emotionales Erleben**
Kraft: **Vertrauen & Unschuld**

8.

DIE EVOLUTION – DIE KINDER-ZÄHLWEISE

Die 20er-Zählung – der „20 Count“

Die 20 Essenzen und Grundmuster des Seins

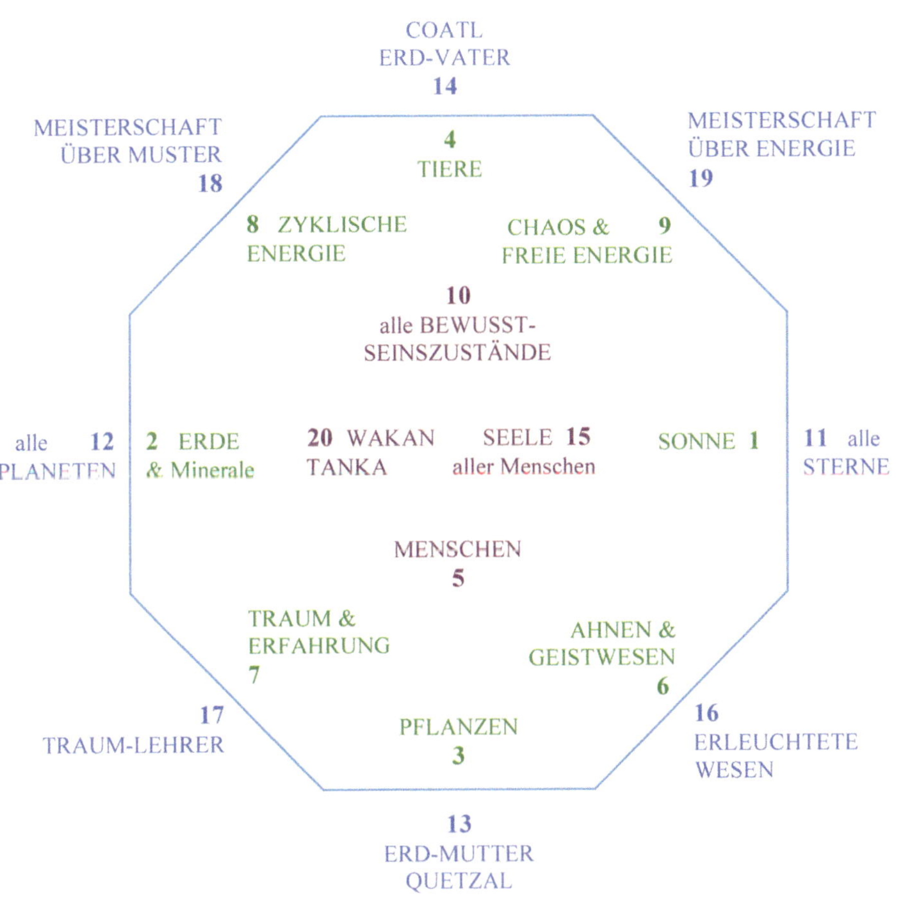

Zur Erinnerung eine Wiederholung der

Grafik der 20 Kräfte auf den Dimensionsebenen:

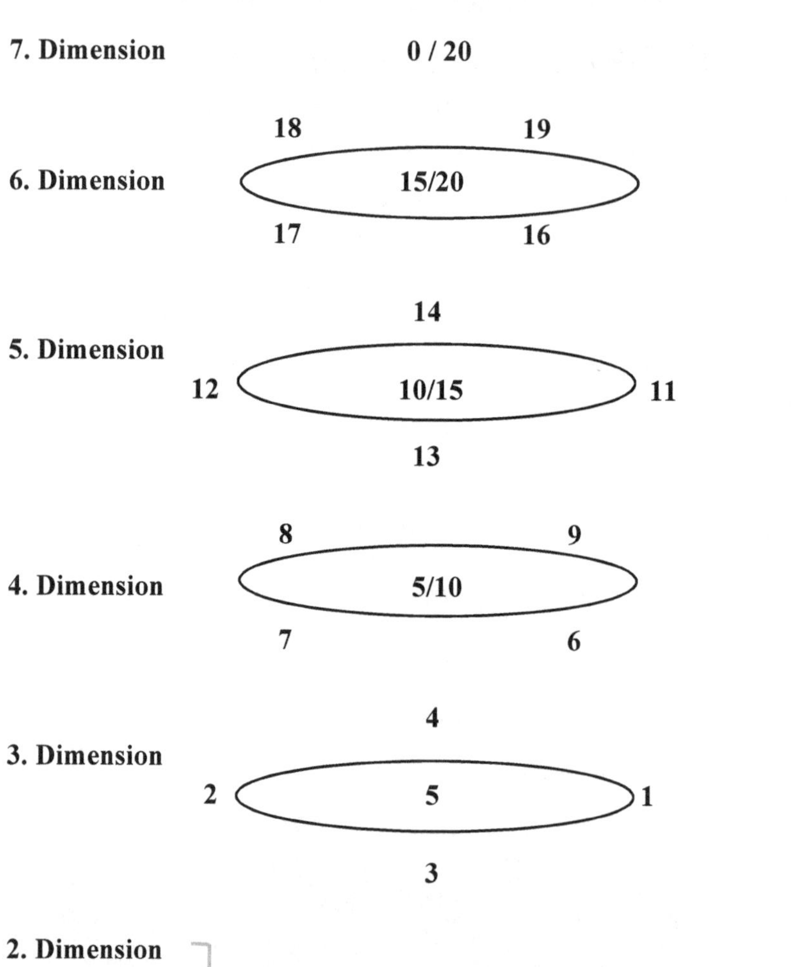

für sich alleine nicht erfahrbar,
erst gemeinsam mit der 3. Dimension

In der 20er-Zählung wird der „schöpferischen Ur-Energie“ die Zahl 0 zugeordnet und als Endprodukt, wenn alles zu Schöpfende schon erschaffen wurde, die Zahl 20.
0 und 20 sind WakanTanka – das große Geheimnis

Auf jeder Dimensionsebene befinden sich jeweils fünf der 20 möglichen Energieausprägungen. Wobei diejenige im Zentrum jeweils eine Brücke darstellt, um hinauf bzw. auch hinunter zu spiralen/katalysieren.

Klar ist auch, dass diese Dimensionen Einteilung, wie auch schon in Kapitel 2 erwähnt, eine zwar sehr anschauliche aber natürlich auch ungenaue Gliederung ist. Denn, man kann wohl davon ausgehen, dass alle Wesen sowohl ein „Innen-“ als auch ein „Außen-Leben“ und höchstwahrscheinlich auch einen „Darüber-hinaus“-reichenden Erfahrens-Zugang haben. Und somit nimmt wohl jedes Wesen an allen Dimensionsebenen teil. Unterschiedlich wird allerdings die Bewusstheit darüber sein.

Wenn ich also in den nächsten beiden Kapiteln die 3. und die 4. Dimension, die Innen- und Außen-Erfahrung, getrennt und nacheinander darstelle, so sollte doch klar sein, dass so eine Trennung in der Erfahrung der Dimensionen gar nicht möglich ist und diese beiden Dimensionen unentwirrbar und stets gemeinsam am Wirken sind.

9.
DIE 3. DIMENSION – das Außen

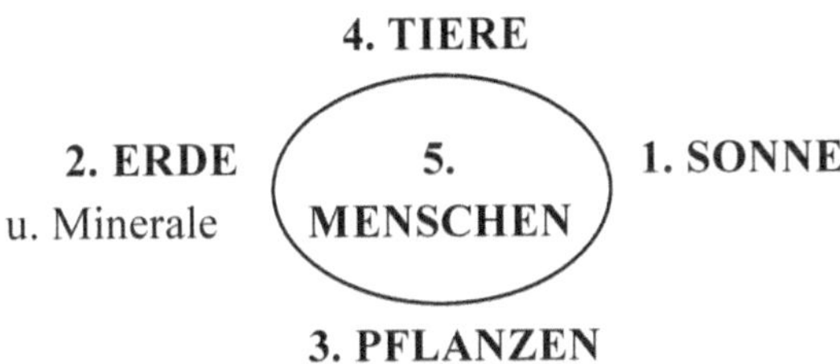

1 und 2 sind die Zahlen und Energiezuordnung für Sonne und Erde – sie werden Großvater Sonne und Großmutter Erde genannt, um daran zu erinnern, dass alles andere ursächlich erst durch das Zusammenspiel („das Liebemachen") dieser beiden entstehen konnte.

Die **Sonne**, wird meines Wissens nur im germanisch-deutschem Sprachverständnis mit einem weiblichen Artikel versehen und sonst bei (fast?) jeder Kultur dieser Erde als männliche (besamende, nach Außen gehende) Energie gedeutet. In unserer Galaxie wird die/der Sonne jedenfalls als die befruchtende Licht und Wärmequelle für alle Existenz und für alles Leben angesehen. Was genau wirklich auf der Sonne geschieht, und wie genau das vor sich gehen soll, dass Jahrmillionen (fast schon Ewigkeiten) lang, unfassbare Mengen an Energie abgestrahlt und verschenkt werden, weiß man genau genommen nicht wirklich. Ich finde die gängigen wissenschaftlichen Erklärungen von stetigen Nuklearexplosionen auf der Sonnenoberfläche und diese unvorstellbar (und unmöglich?) heißen Feuer/Gas/oder aus was immer bestehenden Explosions-Phänomene äußerst unbefriedigend.

Aus der Tatsache, dass das Weltall, und somit auch der Raum zwischen Sonne und Erde kalt und unvorstellbar dunkel ist, wie alle Raumfahrer berichtet haben, lässt sich vielleicht doch eher schließen, dass Wärme und Licht, wie wir sie auf der Erdoberfläche fühlen und wahrnehmen und der Sonne als ihre Eigenschaften und ihre Geschenke zuschreiben, erst in der Wechselwirkung mit der Erde entstehen. So ist es nicht das „Männliche" „der" Sonne, die Wärme und Licht (Bewusstsein) „ursächlich" ausstrahlt und verschenkt, sondern dieses Licht/Wärme/Bewusstseinsphänomen entsteht in der Wechselwirkung zwischen Sonne und Gestirnen. Daraus könnte man eventuell folgern, dass kein Gestirn für sich bestimmte Eigenschaften, wie gasförmig, feststofflich, eiskalt, glühend heiß, usw. besitzt, sondern diese Eigenschaften erst in Wechselwirkung und Bezug zu anderen Himmelskörpern in Erscheinung treten. Dies würde ein völlig anderes „Licht" auf unser Verständnis der Himmelskörper, ihren Bezug zueinander und auch auf die Möglichkeiten für „Leben" auf diesen werfen. (Und wenn ich Giordano Bruno richtig verstanden habe, meinte er genau das).

Die 2 steht für **Planet Erde**, aber auch gleichzeitig für **alle Minerale**, und damit für die „feste" Struktur des Planeten. Dass diese Festigkeit in „Wahrheit" auch bloß aus Raum, Energie und Bewusstsein besteht, habe ich in einem „Gestalt-Wechsel-Traum" (siehe Teil 2, Kapitel 8.2) eindrücklich erlebt.

Unser Planet wird Großmutter Erde genannt und damit wird ausgedrückt, dass sie die Ur-Mutter aller Dinge und Wesen ist, die unser Leben ausmachen und umgeben. (Siehe auch Kapitel 9.1 – Die Kinder von Großmutter Erde).

Das erstgeborene Kind von Großmutter Erde und Großvater Sonne sind die **Pflanzen**, ihnen ist die Zahl 3 zugeordnet.

Diese Zahl steht auch für Leben überhaupt. Alles Leben besteht aus und braucht die Kraft der Wärme, die befruchtende Lichtenergie der Sonne, – die Substanz der Erde in Form von fruchtbarem Humus – und eben Pflanzen, die Sauerstoff erzeugen und sich als Nahrung verschenken.

Pflanzen sind in vielfacher Hinsicht wahre Mittler zwischen Erde und Sonne, zwischen dem Dunkel (in) der „Erde“ und dem Licht des „Himmels“. Mit ihren Wurzeln reichen sie tief hinein in den Boden, nehmen Wasser auf und lösen Nährstoffe aus den Mineralien, und mit ihren Halmen oder Stämmen richten sie sich auf gegen den Himmel und verbinden das Oben mit dem Unten. Mit ihren Blüten fangen sie das Sonnenlicht ein und spiegeln es in wundervollen Farben und verbreiten Duft und Wohlgefühl. Mit dem Grün der Blätter oder Nadeln erzeugen sie mithilfe von Wasser und Licht Stärke und Sauerstoff. Ihre Früchte verschenken sie großzügig an Mensch und Tier und sind Verbindung zwischen Mineral-, Tier- und Menschenwelt und auf vielfache Art Lebensgrundlage für Tier und Mensch.

Durch das Zusammenwirken von 1, 2 und 3, von Sonne, Erde (Minerale) und Pflanzen wird das Leben der Tiere möglich. Die Zahl 4 ist den Tieren zugeordnet.

5 ist die Zahl des Menschen. Wir haben fünf Finger an jeder Hand, fünf Zehen an jedem Fuß – gesamt sind das 20, und wir haben unsere fünf Sinne.

9.1 DIE KINDER VON GROSSMUTTER ERDE

Ein wichtiges Basisrad ist das in einigen „Native American Tribes“ bekannte traditionelle Medizinrad:

Das Rad der Kinder (der Welten) von "Großmutter" Erde:

sozusagen, die Erfahrungsbereiche von Großmutter Erde, bzw. die Möglichkeiten für Bewusstsein sich auf dieser Erde zu erfahren.

Damit einher geht

9.1.1 DAS RAD DES ENERGIEAUSDRUCKS DIESER „WELTEN“:

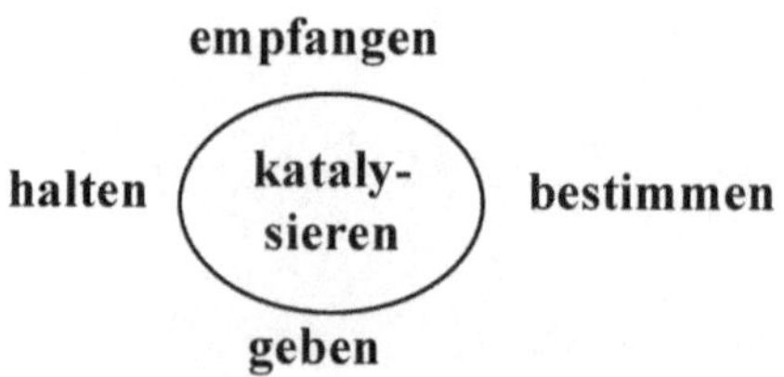

Im Westen – die Mineralwelt – mit der Energie des (Er)-“Haltens“. Die Mineralien geben der Welt ihre Gestalt, bilden die stabile Basis für alles Leben und sie bieten den Wurzeln der Pflanzen Halt.

Im Süden – die Pflanzenwelt – mit der Energie des „Gebens“. Die Pflanzen geben Nahrung, Arzneien, Sauerstoff, die Lebensgrundlagen für andere Wesen. Sie verschenken sich auf vielfältige Art durch ihr Blühen, ihre Früchte und bilden fruchtbaren Humus.

Im Norden – die Tierwelt – mit der Energie des „Empfangens“. Die Tiere essen die Pflanzen und andere Tiere. Sie sind auf so viele verschiedene Arten empfänglich – durch ihre Sinnesorgane, durch ihre Anpassungsfähigkeit und ihr Leben im Jetzt.

Im Osten – die Menschenwelt – mit der Energie des „Bestimmens“. Wir haben die Möglichkeiten und die Macht, die anderen „Welten“ zu beeinflussen und zu beeinträchtigen. Wir können uns gegen die Natur und gegen das „Natürliche“ entscheiden oder für den Einklang und die Harmonie mit den anderen Welten.

Im Zentrum – die Ahnenwelt – mit der Energie des „Katalysierens“, das Heben und Weiterentwickeln auf eine höhere Ebene, bzw. das Senken und Zurückentwickeln auf eine tiefere Ebene.

Klar ist, dass sich jedes dieser Richtungen ja nun wieder auf ein eigenes Rad legen ließe. Die Zuordnung erfolgt gemäß dem Energieausdruck – siehe Rad 9.1.1 der vorigen Seite.

9.2 DAS RAD DER MINERALWELT

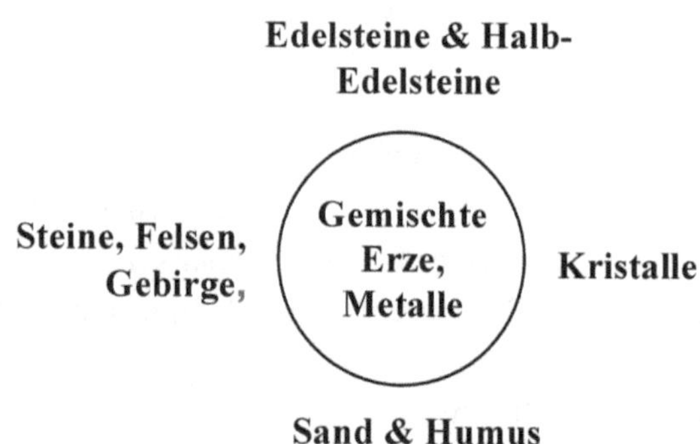

Für die Welt der Mineralien gilt allgemein der Energieausdruck des „Haltens“ und zusätzlich gibt es dabei noch die Unterteilung in Halter/Halter, Halter/Geber, Halter/Empfänger, Halter/Bestimmer, und Halter/Katalysator.

- Steine, Felsen, Gebirge – sind die feste stabile „Knochenstruktur“ und erhalten die Form und die Gestalt für lange Zeit.

- Sand und Humus – sind die „Haut“ der Erde, Humus gibt den Pflanzen Halt und Nahrung.

- Edelsteine und Halbedelsteine – empfangen viel Aufmerksamkeit, sind empfänglich für Energie. – Man könnte sie als die Organe der Erde sehen.

- Kristalle – können programmiert werden und wirken dann „bestimmend“ – z.B. Quarzkristalle in Uhren und in vielen Bauteilen der modernen Technologie Computer, Fernseher, Laser, u.v.m. Sie sind auch wichtige Heilwerkzeuge. Die Gehirnzellen von Großmutter Erde.

- Gemischte Erze und Metalle – durch das Mischen der Erze zu Eisen, Bronze, Messing, Stahl, usw. – wurden große Entwicklungsschritte der Menschheit möglich. Die „Seltenen Erden“ sind bestimmend für den Fortschritt der Technologie.

9.3 DAS RAD DER PFLANZENWELT

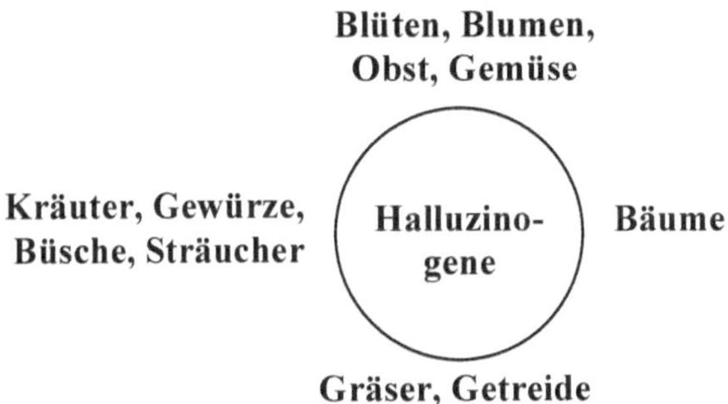

Innerhalb der Welt der Pflanzen, mit dem übergeordneten Energieausdruck des „Gebens", kann man wieder nach den Kriterien des „Gebens, Haltens, Empfangens, Bestimmens und Katalysierens" unterscheiden.

- **Gräser, Getreide** – geben Nahrung, ein Getreidefeld im Wind erscheint fast flüssig, wie wellen-bewegt.
- **Kräuter, Gewürze, Büsche**, ... – sind kompakt, intensiv, komprimierte Energie, fest, stabil, gehaltvoll.
- **Blüten, Blumen, Obst, Gemüse** – haben mehr mit dem Element Luft (Bestäubung) und mit dem Empfangen von Energie zu tun. Ein Apfel will gegessen werden, damit seine Samen weitergetragen werden, eine Blume, eine Blüte lockt die Bienen an.
- **Bäume** – sind bestimmend für das Klima, die Fruchtbarkeit des Bodens, die Sauerstofferzeugung als Grundlage des Lebens der Tiere und Menschen. Sie machen selbst kleinste entfernte Inseln für andere Lebewesen bewohnbar.
- **Halluzinogene Pflanzen** – auch Lehrer-Pflanzen genannt, können – richtig verwendet – Bewusstseinserweiternd wirken.

9.4 DAS RAD DER TIERWELT

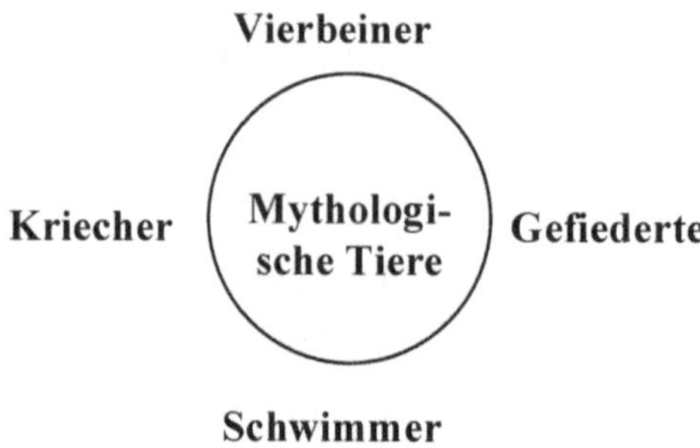

Analog zu den vorigen Rädern zeigt sich beim Rad der Tiere der übergeordnete Energieausdruck des „Empfangens“ – und in den jeweiligen Richtungen die innerhalb des „Empfangens“ untergeordneten Kategorien.

- **Schwimmer** – alle Wesen, die in den Wassern dieser Erde leben – waren Jahrtausende lang die hauptsächlichen Nahrungsgeber. Alles Leben entstand aus dem Wasser.
- **Kriecher** – alle Tiere, die nahe am Boden leben. Schlangen, Echsen, Asseln, Käfer, – kompakte feste Energie.
- **Vierbeiner** – sind extrem empfänglich, ganz feine Sinnesorgane, können sogar Naturkatastrophen, wie Tsunamis oder Erdbeben und Wetterumschwünge vorausspüren.
- **Gefiederte, Geflügelte** – sie erheben sich darüber hinaus, sie haben den Überblick – sind die Botschafter zum Jenseitigen, zum Größeren.
- **Mythologische Tiere** – Drachen, Einhörner, Meerjungfrau, geflügelte Löwen, ... Sie tragen die Legenden und Mythen vieler Kulturen, werden als Wappentiere benutzt, beflügeln unsere Imagination. Hierher gehören auch unsere „Krafttier-Verbündete.

9.5 DAS RAD DER MENSCHENWELT

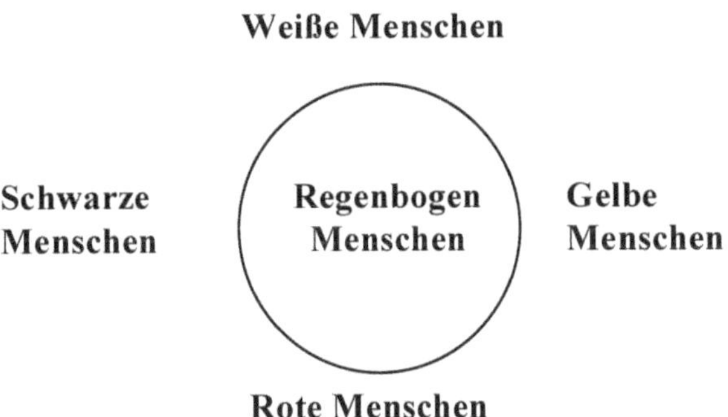

Im Zuordnen von allgemeinen Qualitäten und Grundtendenzen muss man hier natürlich vorsichtig sein – klar ist, dass es sich um grobe Verallgemeinerungen handelt – und doch lassen sich natürliche Fähigkeiten und Qualitäten erkennen.

- **Rote Menschen** – gebend durch ihre Herzsprache und starke Gefühle, – eine intime und intensive Herzensverbindung zu allen Formen des Lebens.
- **Schwarze Menschen**, – starke Betonung der Körperlichkeit, physische Kraft, Beweglichkeit, Ausdauer und Rhythmus. Es gelang ihnen ganz gut ihren „schwarzen" Kontinent zu halten.
- **Weiße Menschen**, – als Empfänger – Kolonialismus, Eroberungen, (Über)Betonung des Denkens. „Erfinder" der Industrialisierung und der Technologie.
- **Gelbe Menschen**, – Nähe zur Spiritualität, Energie- und Atemarbeit, es gibt eine bestimmende Menge, ...
- **Regenbogen-Menschen** – Gemischt-rassige oder solche, die erkannt haben, dass es nicht darauf ankommt, welche Hautfarbe jemand hat – ...

9.6 DAS RAD DER AHNENWELT:

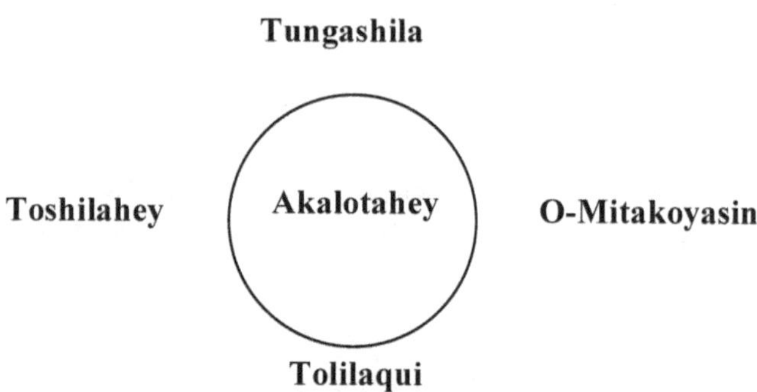

Ahnen – die Ahnenwelt im indianischen Verständnis bedeutet nicht nur die Welt derer, die vor uns gelebt haben und verstorben sind. Diese Welt beinhaltet auch alle sogenannten

- **Tolilaqui** – die "kleinen Leute", das kleine Volk, (little people), wie Elementgeister, (alle Wasser-, Feuer-, Erd- und Windgeister), Zwerge, Gnome, Elfen, Trolle – Energie(wesen) es wird gesagt, dass sie es waren, die die Erde für uns Menschen bewohnbar machten.
- **Toshilahey** – sind alle unsere eigenen Selbste, unsere Inkarnationen durch alle vergangenen und zukünftigen Leben.
- **Tungashila** – sind alle unsere Blutsverwandten und alle „wichtigen Anderen“, alle, denen wir jemals begegnet sind, in diesem und in anderen Leben.
- **O-Mitakoyasin** – sind alle Menschenwesen und alle Wesen überhaupt.
- **Akalotahey** – schließlich auch alle „Erleuchteten“ (zum Größeren erwachten) Meister und Wesen;

•••

Bei einer traditionellen Schwitzhüttenzeremonie, tritt jeder, der teilnimmt nacheinander vor und wird vom „Dance Chief", dem Zeremonienmeister, der die Hütte leitet, mittels eines „Fächers" (meist aus Federn eines Adlers, Bussards, Habichts oder Raben) „ein- bzw. abgefächert". Das heißt der Dance Chief segnet den Teilnehmer mit dem Fächer und meist ruft er dabei die Energien des gesamten oben beschriebenen Ahnenrades – er macht damit klar und ruft dem Teilnehmer der Zeremonie ins Bewusstsein, dass all diese Energien präsent sind.

Der Teilnehmer betritt dann die Schwitzhütte mit den Worten „für alle meine Verwandten" (O-Mitakoyasin) -. Er macht sich damit klar, dass er diese Zeremonie nicht nur für sich alleine macht, sondern für das gesamte Energiefeld der „Ahnen", zu dem er sich zugehörig fühlt.

9.7 DIE MENSCHLICHEN ERFAHRUNGSBEREICHE

Da auch der Mensch aus den Elementen, den Bausteinen des Lebens besteht, entfaltet sich auch menschliches Dasein in dieser 5er Zuordnung:

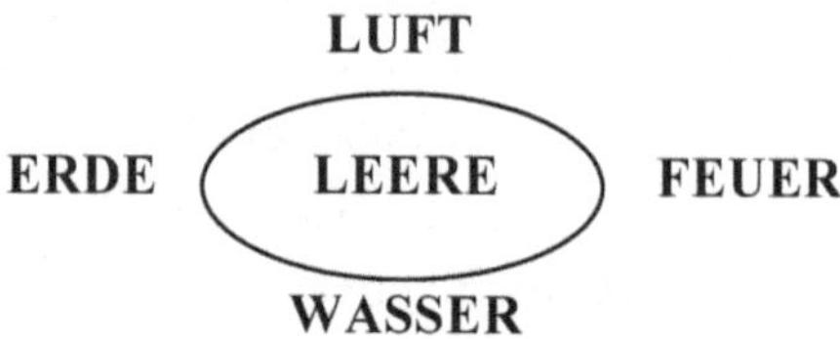

Das Rad der menschlichen Erfahrungsbereiche:

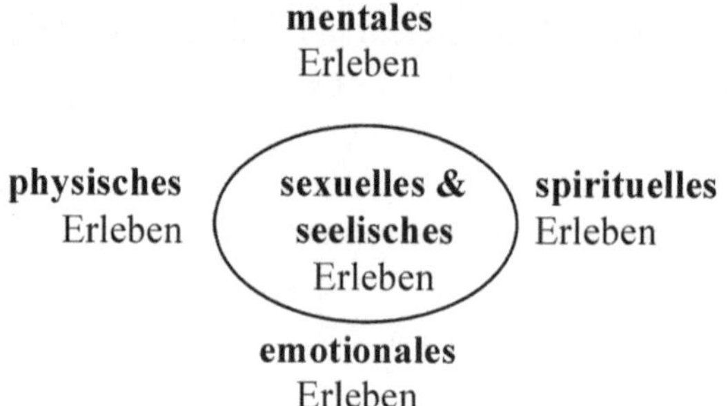

oder in anderen Worten:

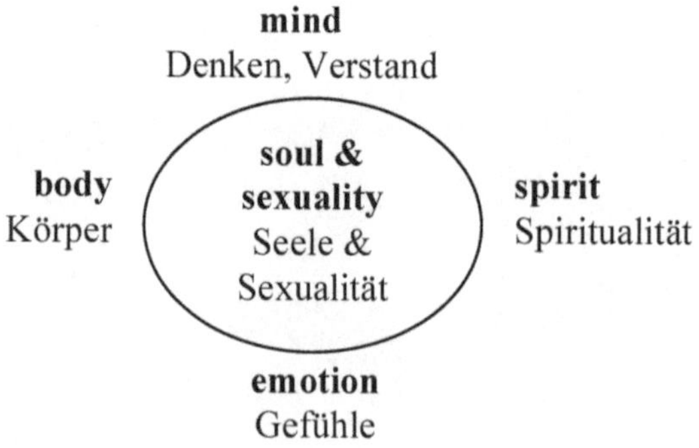

Man kann hier sehr gut ersehen, dass dieses ganzheitliche Modell der Erfahrens-Bereiche des Menschen ein wesentlich genaueres Modell ist, als das bei uns übliche **Körper/Geist/Seele** – Modell des ganzheitlichen Menschen.

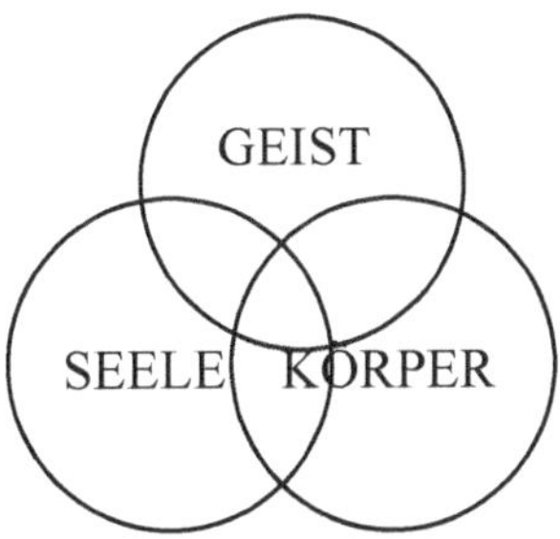

Wobei dieses Körper/Seele/Geist-Modell im Eigentlichen ein sehr gutes sein könnte (siehe Kapitel 1.3), wäre man sich allgemein einig, welche der menschlichen Erfahrungsmöglichkeiten wohin zugeteilt werden.

Bei **Körper** ist man sich noch relativ einig, obwohl auch da manche den Körper rein „materiell" sehen und andere schon als belebten und beseelten „Leib". Manche teilen das Mentale und das Emotionale (die Psyche) der **Seele** – und Transpersonales und Spirituelles dem **Geist** zu. Dies wäre recht sinnvoll, doch wird es leider nicht durchgängig so verstanden.

Denn für andere ist die **Seele** das über den Tod hinaus Bestehende und das Mentale fällt in den **Geist**-Bereich. Also vertauscht.

Noch unüberschaubarer wird es, wenn man in Betracht zieht, dass diese Begriffe zwischen deutsch- und englischsprachiger Literatur hin- und her- übersetzt werden und im Englischsprachigen dann **Body, Mind, Spirit** oder **Body, Mind, Soul** oder letztlich **Body, Mind, Spirit & Soul** auftauchen.

Die englischsprachigen Begriffe **Mind** und **Spirit** lassen sich nicht 1:1 in die deutsche Sprache übertragen und werden unzulänglich und wieder austauschbar und missverständlich in **Geist** und **Seele** – oder zuletzt sogar in **Geist** und **GEIST** übersetzt.

In mancher Literatur findet man jetzt **Body, Mind, Spirit & Soul**, was dann in **Körper, Geist, GEIST & Seele** übersetzt wird – womit man sich dann überhaupt nicht mehr auskennt, da diese Begriffe, und hier besonders das groß und klein Geschriebene, keine gefühlte passende Tiefenstruktur erleben lassen und somit unverständlich bleiben müssen. Dazu kommt noch, dass immer noch unklar bleibt, wo die Gefühle und wo die Sexualität zuzuordnen sind.

Diese Unklarheiten bis Unsinnigkeiten des Übersetzens zwischen den Sprachen hat mich schon des Öfteren dazu gezwungen die englischsprachigen Originalausgaben nachzukaufen, um zu wissen, was der Autor eigentlich wirklich meinte.

Da erscheint das oben (S.94) vorgestellte Rad der menschlichen Erfahrungsbereiche doch wesentlich genauer und brauchbarer. Wobei vielleicht wichtig ist anzumerken, dass dem gesamten Rad, also allen menschlichen Erfahrungsmöglichkeiten das ursprüngliche Feld der gar nicht so leeren „Leere", aus dem alles entstanden ist, zugrunde liegt. Man könnte dieses Feld auch „Great Spirit" oder „Großes Geheimnis", „Manitou", „Wakan Tanka", „Göttliche Matrix" oder auch „Gott" nennen. Alles Existierende hat seinen Ursprung in diesem Feld und kehrt auch wieder zurück in dieses Feld. – Hunab-Ku.

Die großen Felder des Kollektiven Unbewussten, des Kollektiven Unterbewussten und des Kollektiven Bewussten – sowie unser „persönliches" Bewusstes, Unter- und Unbewusstes sind im Zentrum des Rades mit und bei dem Begriff **Seele** zusammengefasst.

Des Weiteren findet sich **Sexualität** im Zentrum, – dank der Sexualität wurden wir geboren und es ist durch die (spirituelle / tantrische) Sexualität, durch die wir uns unmittelbar wieder zurückverbinden können.

Im Osten des Rades als **Spirit (Spiritualität)** bezeichnet – befindet sich unser individueller, persönlicher Zugang zu dem großen Feld des „Great Spirit“, der erlebbar wird, als lichte, feurige „Begeisterung“, als Expansion, als Vision, als ein hoffnungsvolles, zuversichtliches Streben nach Sinnerfüllung.

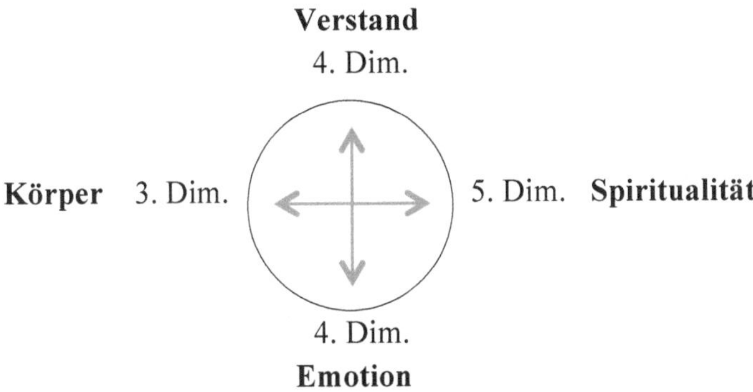

Im Zentrum am Schnittpunkt der Süd/Nord-Achse, also der Emotionen und des Verstandes steht die Seele als deren Verbindung. Seele = Psyche. Dies ist unser Erleben der vierten Dimension, der Dimension der Bestimmung, des Bedeutung-gebens und der Entscheidung darüber, wie die dritte Dimension, das verkörperte Selbst, die realisierte Wirklichkeit sich darstellt, gelebt und erlebt wird.

Im Zentrum am Schnittpunkt der Ost/West-Achse, also der Spiritualität und der Körperlichkeit steht die Sexualität als deren Verbindung. (5. und 3. Dimension). Durch die gelebte Sexualität von Mann und Frau kann sich ein Spirituelles Wesen aus höher-dimensionaler Ebene drei-dimensional inkarnieren. Und „spirituelle Sexualität“

(tantrische Sexualität) ist eine Möglichkeit des Erfahrens transpersonaler Zustände und der Rückverbindung zum All-Eins-Sein.

Der Osten, „Spirit“ (Spiritualität), bietet uns die Zugangsmöglichkeit zu unseren höher-dimensionalen Persönlichkeitsanteilen, den Tänzern – und ist als unser „persönlicher“ Zugang zu „Great Spirit“ zu verstehen. Daraus ist auch ersichtlich, dass wir durch „spirituelle Sexualität“ Zugang zur 5. und eventuell 6. Dimension erlangen können.

Ich möchte hier auch noch einen weiteren Zusammenhang darstellen, und zwar den zu C. G. Jungs´ vier „kognitiven Modalitäten“:

Empfinden – Fühlen – Denken – Intuition.

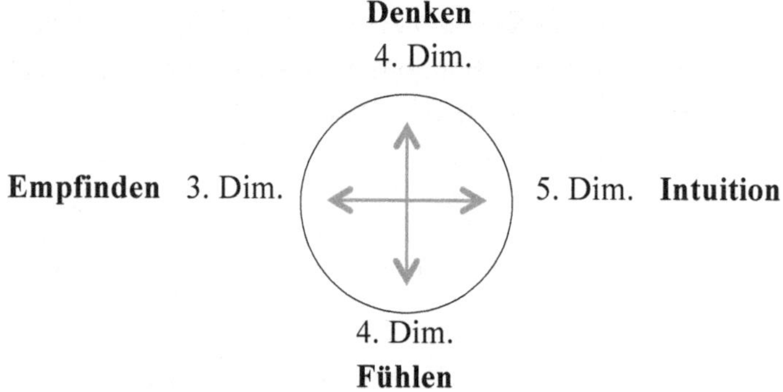

Die Kinder von Großmutter Erde – Überblick

und

Die Möglichkeiten für Bewusstsein sich auf dieser Erde zu erfahren

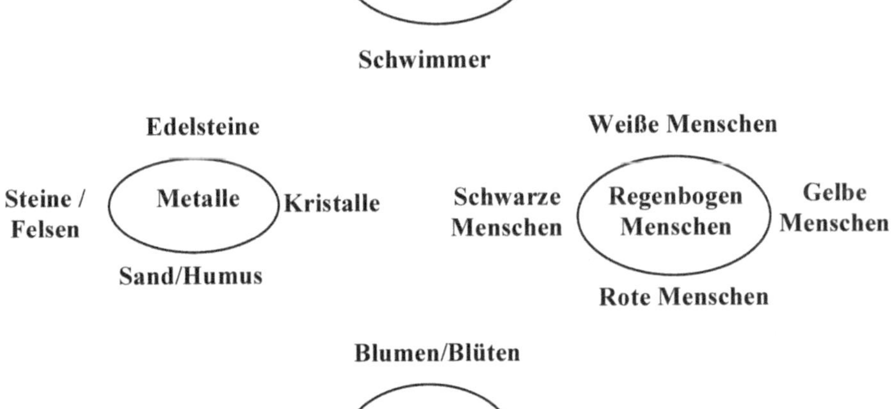

9.8 SCHLUSSFOLGERUNGEN AUS DIESEN BASISRÄDERN

Ich habe hier im Kurzen einige der wichtigsten „Basisräder“ vorgestellt und nun lassen sich allein beim Betrachten oder Übereinanderlegen dieser ersten Basisräder einige erstaunliche **Erkenntnisse und Schlussfolgerungen** ziehen.

Ich gehe noch einmal die vier Richtungen und das Zentrum durch:

SÜDEN:

Hier finden wir das Element WASSER, die Welt der PFLANZEN, und den menschlichen Seins-Aspekt der EMOTIONEN, der Gefühle.

Wasser – ist auf unserem Wasserplaneten im Überfluss vorhanden und es erscheint in den vielfältigsten Formen. Es fällt als Regen herab und es sprudelt aus Quellen, es fließt in Bächen, Flüssen und Strömen und ruht in Teichen, Seen und Meeren. Wasser fließt und es fließt auch in uns und findet sich in jeder Zelle. Wasser umfließt jedes Hindernis. Es kann seinen Aggregatzustand ändern, es kann nebelig verdunsten oder zu festem Eis werden. – Vieles ließe sich hier noch anführen.

Pflanzen – sind verwurzelt in der Erde und wachsen dem Licht entgegen. Sie ernähren sich durch Licht, und im Wasser gelöste Mineralstoffe. Sie verwandeln Kohlendioxid zu Sauerstoff und haben somit die Erde erst für Tiere und Menschen belebbar gemacht. Sie leben durch ihre Zyklen vom Samen übers Keimen, das Heranwachsen, zum Blühen, Früchte hervorbringen, zum Reifen, Früchte verschenken bis zum Sterben/Transformieren, wodurch sie wieder neues Leben ermöglichen. Sie verschenken sich, sie geben den Tieren und dem Menschen Nahrung, Sauerstoff, ihre Schönheit und Schutz vor der Sonne, der Kälte, dem Wind.

Emotionen, Gefühle – Was hat das Wasser mit unseren Gefühlen und Emotionen zu tun? Wäre es nicht gut, unsere Emotionen wie klares, reines Wasser fließen lassen zu können? Wird nicht aufgestautes Wasser irgendwann einmal faulig, stinkig, "kippt" und ist nicht mehr lebendig und nicht mehr unterstützend für anderes Leben? Wird es zu lange aufgestaut, bricht vielleicht der Damm oder wird überflutet und das Wasser ergießt sich unkontrollierbar und zerstörerisch.

Was alles lehren uns Pflanzen? Vielleicht aus unserem Samen, unserer Essenz heraus dem Licht entgegen zu wachsen, uns zu verschenken in jedem Stadium unserer Entwicklung, uns in unserer ganzen Essenz und Schönheit zu zeigen, zu duften, zu blühen und unsere Gaben zu verschenken.

Der Süden hat zu tun mit – Wachsen gemäß der eigenen Essenz, stets im Fluss und in austauschender Bewegung zu bleiben und sich selbst vertrauensvoll zu verschenken.

NORDEN:

Hier finden wir den WIND, das Element Luft, die TIERE und den menschlichen Seins-Aspekt des MIND, den Verstand, das Denken.

Wind, Luft – unsichtbar, ungreifbar, aber spürbar in vielen Ausdrucksformen von der sanften Briese bis zum stärksten Orkan. Der Wind ist flexibel, ändert die Richtung, fegt hinweg, legt frei, entstaubt, entwurzelt. Doch eigentlich, genau genommen bläst der Wind nicht, nein, die Luft wird angezogen von Niederdruckgebieten und strömt aus Hochdruckgebieten zu und wirkt somit ausgleichend.

Tiere – die schwimmenden, die kriechenden, die vierbeinigen und die geflügelten, sie alle leben ganz ihrer Natur entsprechend. Sie suchen den und leben im Einklang mit ihrer Umgebung. Sie leben in Ökosystemen und Nischen. Sie passen sich an, wo nötig und sind sie zu starr oder geht das nicht, sterben sie aus. Sie haben ganz feine Sinnesorgane entwickelt mit denen sie die Signale und Botschaften der Welt empfangen und für sich entschlüsseln können.

Mind, der Verstand, das Denken – Was hat unser Denken mit dem Element Luft, den Winden zu tun? Was mit den Tieren?

Wäre es nicht schön in unserem Denken so flexibel und ausgleichend sein zu können, wie der Wind? So befruchtend, wie er die Samen zu den Pflanzen trägt. So verbindend wie er Geräusche, Worte, Musik transportiert? Mit unserem Verstand so kreativ und anpassungsfähig zu sein, wie die Tiere, zu unseren Eigenheiten zu stehen, – kein Maulwurf käme auf die Idee ein Adler sein zu wollen und umgekehrt. Wie wäre es, uns im Denken inspirieren zu lassen von der unglaublichen Vielfalt an Möglichkeiten und Formen, die Tiere entwickeln, um das Leben zu meistern. Es gibt unzählige Möglichkeiten und Strategien, an Dinge heranzugehen.

Der Norden hat zu tun mit – im Einklang und Harmonie zu sein und flexibel und offen zu empfangen.

WESTEN:

Hier finden wir das Element ERDE, die Welt der MINERALIEN, und den KÖRPER, die Körperlichkeit, unsere materielle Existenz.

Erde – als Element hat mit Stabilität und Festigkeit zu tun. Sie steht für das Materielle, das Physische, die Manifestation. Es ist das Form gebende Element, es gibt Struktur und Basis.

Minerale – in allen Formen und Ausprägungen, wie Sand, Humus, Steine, Felsen und Gebirge, Edelsteine, Kristalle und Erze halten und transformieren Energie. Sie können Energie z.B. die Wärme der Sonnenstrahlen, aufnehmen, über längere Zeit halten und abgeben. Die Mineralwelt bildet Magnetismus und Anziehungskraft. Sie bildet die Struktur, das Skelett der Erde, den Boden und die Heimat für alle anderen Welten, wie Pflanzen, Tiere und Menschen.

Körper – Was hat unser Körper mit dem Element Erde zu tun? Was mit der Mineralwelt? – Wäre es nicht schön in unserem körperlichem Seinsbereich so stabil, so fest, wie die Erde zu sein und gleichzeitig fähig balanciert aufzunehmen und abzugeben und dadurch gesund zu bleiben? Was können wir für Schlüsse ziehen was unsere physische Realität, unsere Wohn-, unsere Berufssituation betrifft?

Der Westen hat zu tun mit – nach Innen gehen, sich selbst und seine Bedürfnisse zu kennen, von Innen heraus das Richtige in die Welt zu gebären – Form annehmen zu lassen. – Und Energie zu (er)halten und zu transformieren.

OSTEN:

Hier finden wir das Element FEUER, die Welt der MENSCHEN, und den Daseinsaspekt der SPIRITUALITÄT.

Feuer – in all seinen Erscheinungsformen, flackerndes Kerzenlicht, Kaminfeuer, Lagerfeuer, Waldbrand, flüssiges Feuer im Inneren der Erde, fliegende Funken. Feuer wärmt, gibt Licht, es transformiert Dinge, die in ihm verbrannt werden. Der Umgang mit dem Feuer machte den Menschen erst zu einem solchen.

Feuer ist das einzige der Elemente, das nicht weniger wird beim Teilen, sondern mehr. Aber das Feuer erlischt, wenn man es nicht nährt und beschützt.

Menschen – In all unseren Formen, als Frau und Mann, als Rote, Schwarze, Weiße, Gelbe und gemischt-blutige Menschen, haben wir eines gemeinsam: den Freien Willen, die Möglichkeit, uns für oder gegen etwas zu entscheiden, unser Schicksal selbst zu gestalten, zu bestimmen.

Spiritualität – Was hat das Element Feuer mit unserer Spiritualität zu tun? Eine der treffendsten Definitionen von Spiritualität ist für mich Be-geist-erungsfähigkeit.

Eine Vision haben, für etwas Feuer und Flamme sein, lässt uns in Kontakt mit Spirit kommen. Wie beim Feuer kommt es hier auf die richtige Dosierung an. Man kann sich verbrennen, fanatisch werden, man kann jemanden damit anstecken, oder sich anstecken lassen. Und es ist o.k., sich von dem Feuer und der Begeisterungsfähigkeit von jemand anderem anstecken zu lassen, so man es dann zu seinem eigenen Feuer macht, denn letztlich muss man es selbst nähren und am Leben halten.

Der Osten hat zu tun mit – Expansion, Erweiterung, spirituellem Wachstum und der Möglichkeit selbst bestimmend zu gestalten.

ZENTRUM:

Hier finden wir das Element LEERE, die Welt der AHNEN und den menschlichen Seins-Aspekt der SEELE und der SEXUALITÄT.

Leere – (the void) – Diese Leere ist nicht Nichts, sondern sie enthält das Potential für alle Formen aller Dinge, für alle möglichen Ausprägungen und Erscheinungsformen der Schöpfung. Diese Leere ist das, auch als Äther bezeichnete fünfte Element, das eben nicht „leer", sondern geladen und voller Potentialität ist. Sie zu erfahren, ist das Ziel bester Meditation. Sie ist das Schwarze Loch, aus dem alles kam und in das alles mündet, um sich auf einer höheren oder niedereren Ebene wieder in die Richtungen aufzuteilen und Gestalt anzunehmen. In diesem Sinne ist es die Katalysator-Energie.

Ahnen – die Ahnenwelt im indianischen Verständnis bedeutet nicht nur die Welt derer, die vor uns gelebt haben und verstorben sind, sondern alle Energien, die schon zuvor im „Rad der Ahnen" (Seite 92) beschrieben wurden.

Seele und Sexualität – das Zusammenkommen dieser beiden Begriffe und ihr Erscheinen im Zentrum mag manche verwundern.

Die Energie im Zentrum ist die ursprüngliche kreative, befruchtende und fruchtbare Lebenskraft selbst, die Seele in allem Lebendigem, die beseelte Lebendigkeit. Sie entsteht, besteht und pflanzt sich fort durch Sexualität. Und Sexualität bedeutet – sein eigenes Energiefeld zu öffnen, um mit einem anderen Energiefeld eine Verbindung einzugehen, am besten so, dass dabei ein "Mehr", eine Bereicherung für alle an der Verbindung beteiligten entsteht. (1+1=3). (Kommunikation). Diese Verbindung kann genital sein, muss es aber nicht. Ob beim Sexualakt selbst oder bei einer anderen "sexuell/seelischen" Erfahrung (vielleicht in der Natur), kann man tiefe transpersonale, seelische Erfahrungen machen, sich mit der Urlebenskraft verbunden fühlen und kann einer Auflösung im Alles recht nahe kommen. Es können subtile, kausale und nicht-duale Bewusstseinsebenen erreicht werden.

Man kann die Begriffe Sexualität und Seele im Zentrum, wie auch schon vorher beschrieben, (Kapitel 7.4) auch als Schnittstelle der Süd-Nord-Achse und der Ost-West-Achse sehen. Dann ist die Nord-Süd-Verbindung, das emotionale und mentale Sein – eben die Psyche – also die Seele des Menschen. Die Verbindung des Ostens mit dem Westen, die Verbindung von Spiritualität und der Körperlichkeit ist die Sexualität.

Das Zentrum ist der Platz der Kommunikation, der Kommunikation von Herz zu Herz, der Möglichkeit sich mit Höherem zu verbinden, mehr zu verstehen und mehr zu werden.

•••

Man könnte alleine mit diesen wenigen Rädern endlos weiter spielen und Zusammenhänge herstellen und es ist jedenfalls lohnend, dies auch zu tun, um selbst weitere Erkenntnisse daraus zu ziehen.

Ich möchte hier noch ein Rad, das aus den drei vorgestellten hervorgeht, präsentieren:

9.9 DAS RAD DER GÜNSTIGEN, UNTERSTÜTZENDEN ENERGIEANWENDUNG:

Dieses Rad beschreibt die alchemisch „richtige“, den Elementen und den Kräften der Richtungen entsprechende Art und Weise seine Energie einzusetzen, sodass möglichst wenig Energie verschwendet wird und Kraft und Gesundheit gewonnen wird, bzw. aufrechterhalten bleibt.

S: Wasser – Emotionen – geben mit Zartheit

heißt mit den Emotionen im Fluss zu sein und sie angemessen ausdrücken zu können. Gefühle wahrzunehmen, anzunehmen, ihre Botschaft zu entschlüsseln und dann der Situation angemessen auszudrücken.

Erreicht wird dadurch – Emotionale Balance und Steuerungsfähigkeit

W: Erde – Körper – (aufrecht)erhalten mit Intimität

heißt seinen Körper und seine Bedürfnisse, seine Hochs und Tiefs, seine Kraft- und Erholungsphasen zu kennen und durch die Balance von Aufnehmen und Abgeben – den Körper gesund, kräftig und fit zu erhalten.

Erreicht wird dadurch – Physische Stabilität und Gesundheit

N: Luft – Mind – empfangen mit Sorgfalt

heißt die Antennen weit ausgefahren und auf Empfang gestellt zu haben, aber gleichzeitig so klug zu sein, auch sorgfältig auszuwählen, womit man seinen Trichter anfüllen lassen will. Die schlimmsten Nachrichten jeden Morgen als erstes sind vielleicht doch nicht der beste Tagesbeginn. Weise auswählen, was man sich im Fernsehen ansieht. Keine festgefahrenen unüberprüften Überzeugungen vertreten und Vergleiche und Erwartungen tunlichst vermeiden.

Erreicht wird dadurch – Mentale Flexibilität und Klarheit

O: Feuer – Spirit – bestimmen mit Lust und Begeisterung

heißt in Kontakt zu sein mit seinen höheren Werten und seiner Vision. Das zu tun, was man gerne tut, und das gerne tun, was man tun muss. Sich seiner spirituellen Entwicklung verpflichtet fühlen und sich möglichst rasch weiterentwickeln. Ansonsten möglichst viel Spaß und Freude am Leben haben.

Erreicht wird dadurch – Spirituelle Begeisterungsfähigkeit und Kreativität

Z: Leere – Seele – kommunizieren von Herz zu Herz

heißt die Energien des ganzen Rades alchemisch richtig für sich wirken zu lassen. Sich engagiert am Leben beteiligen, sich bewusst als ein lebendiger Teil des Alles erfahren und offen und ehrlich zu kommunizieren und in jeder Begegnung etwas von sich zurücklassen sowie etwas für sich mitnehmen.

Erreicht wird dadurch – Katalysieren auf ein höheres Niveau

Verwendet man seine Energie nicht nach diesen alchemisch günstigen Energiegesetzen, dann entsteht Reibung und Widerstand und das erzeugt innere und äußere Konflikte, Krankheiten und vielleicht frühzeitigen Tod.

Erkenntnisse aus 9.9:

Was sind die üblichen missbräuchlichen Energieanwendungen?

Z.B.: Das (Zurück)Halten der Emotionen und dafür das Geben mit dem Physischen.

Ein Familienvater zeigt seinen Kindern seine Liebe nicht, spricht sie auch nicht aus, macht dafür viele Überstunden, um den Kindern Geschenke zu kaufen. Er wird ein "workaholic", um die Zukunft seiner Familie zu sichern, stirbt vielleicht an einem Herzanfall – und seine Familie hat gar nicht viel von ihm gehabt.

Oder: das Halten mit dem Mind

führt zu einem sturen Bestehen auf starre "-ismen", Glaubensüberzeugungen und unverrückbare Standpunkte.

Oder bestimmen mit dem Mind

führt dazu, dass man aus der Vielfalt der Informationen nur mehr das wahrnimmt und akzeptiert, was mit dem vorgefertigten Entwurf der Realität übereinstimmt, alles andere wird weggeblendet, "umverstanden" oder es wird wild drüberprojiziert. Die Welt wird dem gedachten Modell angepasst.

Oder empfangen mit dem Spirit

führt dazu, jedes Flackern einer Halbidee, jedes Flüstern eines Engels, als wahres Licht und große Vision zu sehen und so jeder Fantasie und jedem Guru hilflos ausgeliefert zu sein.

Oder empfangen mit den Emotionen

Jede kleine Gefühls(auf)regung wird für gar so wichtig gehalten und alle Antennen sind darauf ausgerichtet, wie man sich in Bezug auf etwas fühlt. Vergessen wird dabei, dass man nicht Opfer seiner Gefühle ist, sondern sie im großen Ausmaß selbst erzeugt. Und dann geht man vielleicht sogar noch ins

Bestimmen mit den Gefühlen

„Ich fühle mich eben so, – und ich habe ein Recht darauf, mich so zu fühlen“ – und so bestimmt man nicht nur die eigene Realität, sondern die eigenen Gefühle bestimmen die Möglichkeiten und die Stimmungen aller Beteiligter.

•••

Dies sind nur ein paar wenige Beispiele dafür, was geschieht, wenn die Seins-Aspekte nicht so gelebt werden, wie es ihrer Natur entspricht. Vielleicht macht es ja „Spaß“, weitere missbräuchliche Verwendungen selbst zu untersuchen. Und wenn man die Aufmerksamkeit darauf richtet, solche Unausgewogenheiten zu entdecken, wird man bemerken, wie erschreckend häufig sie vorkommen. – Wenn sie auch natürlicherweise beim Nachbarn oder beim Partner viel offensichtlicher und häufiger zu finden sind, als bei einem selbst.

Eine weitere Erkenntnis aus dem Spielen mit diesen Basisrädern:

Wenn man das, nicht nur in indianischen Traditionen, sondern in vielen Religionen und philosophischen Denkschulen der Welt formulierte Wissen, dass das "Oben" und das "Unten" einander bedingen, beeinflussen und 1:1 spiegeln ("as above – so below") und das Gleiche für das "Innen" und das "Außen" und für das "vom Einen zum Vielen" und vom "Vielen zum Einen" gilt, dann ergibt sich aus diesen Rädern und speziell aus dem der richtigen Energieverwendung eine ökologische Verantwortung jedes Einzelnen und natürlich des Kollektivs für den Zustand der ganzen Welt.

Denn wenn wir unsere Umwelt nicht als ein von uns getrenntes Außen erkennen, sondern als die von uns „erwirkte“ Mitwelt – und somit die selbsterzeugte Trennung des Innen und Außen auflösen, sind wir uns plötzlich unserer Verantwortlichkeit bewusst und begreifen die Zerstörung der Umwelt als Selbstzerstörung und umgekehrt.

Was sagt uns der Zustand des Elements Luft auf unserem Planeten, also die allgemeine Luftverschmutzung, die Feinstaubgefahr, das Ozonloch, usw. über unseren Umgang mit dem mentalen Aspekt?

Was sagen uns faulige, verschmutzte, kippende Wasser, die systematische Ausrottung der Pflanzenwelt und das Überhandnehmen von Monokulturen über unseren Umgang mit Emotionen?

Was sagt uns das brutale Ausbeuten der Rohstoffe unserer Erde über unseren körperlichen Aspekt?

Und was sagt uns die allgemeine Verschwendung von Energie und die hoffnungslosen Prognosen über die Zukunft der Welt über unsere Be-„geist"-erungsfähigkeit und Verbindung zum Alles?

Und schließlich wohin katalysiert sich diese Entwicklungsspirale, – hinauf oder hinunter?

Und wahrscheinlich wäre es ein guter, wenn nicht sogar der beste oder sogar der einzig mögliche persönliche Beitrag zur „Weltverbesserung", bei sich selbst zu beginnen und seine Seins-Bereiche „gesund", der günstigsten Energieanwendung gemäß, zu leben.

9.10 DAS RAD DER BALANCIERTEN SCHILDE – DIE QUALITÄTEN DES ZENTRUMS-SCHILDES

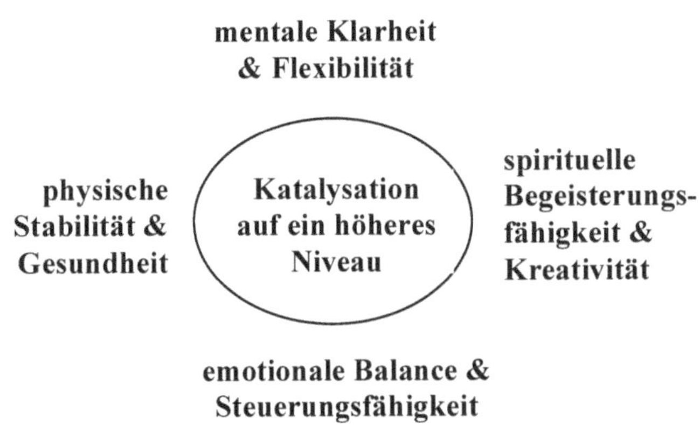

Gelingt es die Qualitäten der Räder 7.7 und 7.8 zu leben, so wird man die wahren Gaben, Talente und Geschenke des Mensch-Seins – (die 5 Huaquas) – in sein Leben eingeladen haben.

9.11 DAS RAD DER TALENTE UND GESCHENKE DES MENSCH-SEINS – (DIE FÜNF HUAQUAS)

Soweit die absolut grundlegenden Räder – und nun weiter mit der 20er Zählung gemäß der Evolution.

10.
DIE 4. DIMENSION – das Innen

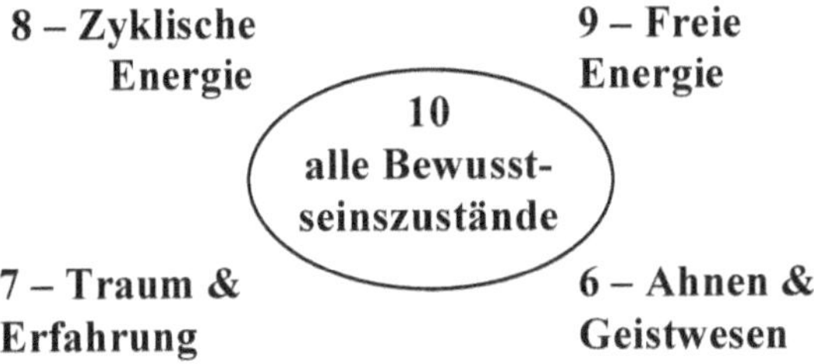

Diese „Energien", Essenzen und Grundmuster des Seins, sind die feinstofflichen Wirkkräfte unserer „Psyche", also in erster Linie unserer emotionaler und mentaler Seins-Aspekte. **Diese Dimensionsebene ist das Wirkungsfeld, in dem sich unsere „Schilde" aufbauen und wirksam sind.** Dies geschieht unter dem Einfluss von 15, dem Seelenfeld der Menschen, den riesigen kollektiven Bewusstseinsfeldern (Bewusstes und Unbewusstes) – eine „kulturelle" Filterung des nahezu unbegrenzten Möglichkeitsfeldes der Tänzer-Energien. Es geschieht unter anderem durch die Erziehung und Wirklichkeitserklärung durch unsere Welt-Bildpräger – Eltern, Verwandte, Lehrer, Freunde, ..., und all die in Teil 1, Kapitel 2 beschriebenen Vorgänge (Formung, Prägung, Panzerung, usw.). So werden wir in die zur jeweiligen Zeit (11) und am jeweiligen Ort (Raum 12) herrschende Konsens-Realität (die kollektive Trance), die „Kultur", den wohl größten Kult, eingeschult. Wir entwickeln unsere mehr oder weniger dichten „Schilde" als Filter zwischen den Tänzern, dem möglichen, potentiellen – und dem verwirklichten Leben.

Überblick und Kurzbeschreibung:

6 – Ahnen – Wir finden eine Welt vor, die von unseren Ahnen erschaffen wurde – und die sie uns übergeben, indem sie sie uns erklären, und uns unseren Platz im Gefüge zuteilen. Dies prägt in erster Linie unseren emotionalen Zugang zu uns selbst, zu anderen und dem Leben selbst. Es ist somit auch der Ort, wo sich unser grundsätzliches Gefühl für uns Selbst herauskristallisiert. Der Ursprung unserer Selbstliebe, Selbstzweifel oder Selbstverachtung. Hier entsteht die „Geschichte", die Mythologie, die wir uns selbst über uns, die anderen und der Welt erzählen.

Im Prozess des „Aufwachens" findet hier der Schritt „Das Auslöschen der persönlichen Geschichte" statt.

7 – Traum – Dies ist der Platz am Rad, wo wir unsere physische Welt „kreieren". Hier geben wir „Wahrgenommenem" Symbole, übersetzen „Energien" in Tatsachen, denen wir Namen geben. Wir erträumen unsere Wirklichkeit und leben in diesen Wirklichkeitserschaffungen. Wir bewegen uns durch die verschiedenen Arenen der Erfahrungen und Erlebnisräume. Wir leben unseren Traum und (er)träumen unser Leben.

Im Prozess des „Aufwachens" findet hier der Schritt „Den Tod zum Verbündeten und Ratgeber machen" statt.

8 – Muster – gemeint sind die Muster, die sich aus unseren Handlungs- und Denkvorgängen ergeben. Es entstehen zyklische Abläufe, Wiederholungen und Denk- und Verhaltensstrukturen. Eine Wirklichkeit, die physisch aber vor allem auch mental fixiert wird. Wir entwickeln und/oder übernehmen von anderen unsere Meinungen, unsere Philosophie, unser Weltbild.

Im Prozess des „Aufwachens" findet hier der Schritt „Die Welt anhalten" statt.

9 – freie Energie – auch Chaos-Energie. Die Möglichkeit der Entscheidung, der Prioritäten und ihrer Hierarchien. Wichtigkeiten und Sinngebung. Letztlich der Grund und der Sinn für die Gestaltung des Lebens als lustvoll und begeistert oder sinnentleert und stumpf.

Im Prozess des „Aufwachens“ findet hier der Schritt „Den Traum (des Lebens) kontrollieren“ statt.

10 – Alle Bewusstseinszustände – Alle gegenwärtigen und potentiell möglichen persönlichen Bewusstseinszustände. Bewusstes, Unbewusstes und Unterbewusstes. Das Ausmaß des bewussten Anteilnehmens am Leben. Das Potential bewusster Aufmerksamkeit.

Die verschiedenen möglichen (evolutionären) menschlichen Bewusstseinsstufen der Selbstreflektion bis in die transpersonalen Seins-Zustände, von denen aus man die Brücke hin zu den „Gehirnunabhängigen“ Bewusstseins-Zuständen schlagen kann.

Im Prozess des „Aufwachens“ findet hier der Schritt „Im Zentrum seines Wirkungskreises die Verantwortung übernehmen“ statt.

Das war der Überblick und nun im Einzelnen einige „Räder“, die erklärend und ergänzend zu dieser zweiten Ebene dienen können:

Zu 6 – Ahnen

siehe das Rad der Ahnen – Kapitel 9.6

Zu 7 – Traum

gibt es ein Rad, das in der Reihenfolge S, N, W, O, Z gelesen werden sollte:

10.1 DAS ALLGEMEINE RAD DER TRÄUME

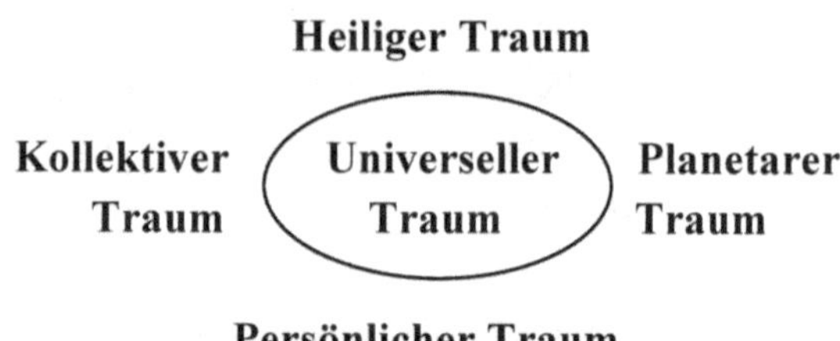

Der Persönliche Traum – beinhaltet alles, was man sich so als Person, als „Ich“ im Leben erwartet, erhofft und erreichen oder manifestieren will. All die materiellen und idealistischen Statussymbole quer durch alle Arenen des Lebens: Beruf, Karriere, Beziehung, Selbstentwicklung.

Der Heilige Traum – ist es, das zu leben, was einem wirklich erfüllt, was einem näher dazu bringt, der zu sein, der man auch wirklich sein will und als höhere Möglichkeit sein kann und soll. Diesen Traum gefunden zu haben und zu kennen macht den Unterschied zu einem erfüllten, sinnvollen Leben.

Der Kollektive Traum – ist der Traum der Menschheit. Wohin geht die Reise? Vielleicht ist es notwendig, diesen Traum zu erahnen, zu überprüfen, wo und ob er im Einklang mit den höheren Träumen des Planeten und des Universums ist, – und wo dies nicht so ist, sich eventuell regulierend einzubringen.

Der Planetare Traum – Was ist es, was Großmutter Erde träumt? Was könnte es sein, und was ist es ganz sicher nicht. Monokulturen, Artensterben und Umweltverschmutzung wird es wohl kaum sein. Aus dem Einfühlen und Mitschwingen als wahres Kind dieser Erde zum aktiven Mitträumer werden.

Der Universelle Traum – ist noch schwieriger zu erfassen. Was bedeutet das Universum für uns, was wir für das Universum? Ist es ein lebendiges bewusstes Wesen oder eine unendliche Anhäufung von bedeutungslosen Gesteins- und Gasbrocken unterwegs ins Nicht und Nirgendwo? Die für Einstein wichtigste Frage, die man sich als Mensch stellen muss: *Ist uns das Universum freundlich gesinnt?* ist eine wichtige Grundsatzentscheidung mit bedeutungsvollen Folgen.

10.2 DAS PERSÖNLICHE RAD DER TRÄUME:

Das Leben im Traum der Nacht und der Traum im Leben bei Tag.

Dieses Rad der Träume wird ausführlich im Teil 1, Kapitel 2.4 beschrieben.

Weiteres zu
9 – Choreographie der Energiebewegung

Hier gibt es die schon erwähnten 10 Schritte, in denen sich jede „Energie in Bewegung" entfaltet und entwickelt:

10.3 DIE 10 SCHRITTE JEDER „ENERGIEBEWEGUNG“

Fokus – Substanz – Form – Bestimmung/Organisation – **Information**/Verstehen – **Imagination – Freiheit – Muster – Chaos – Vollendung**

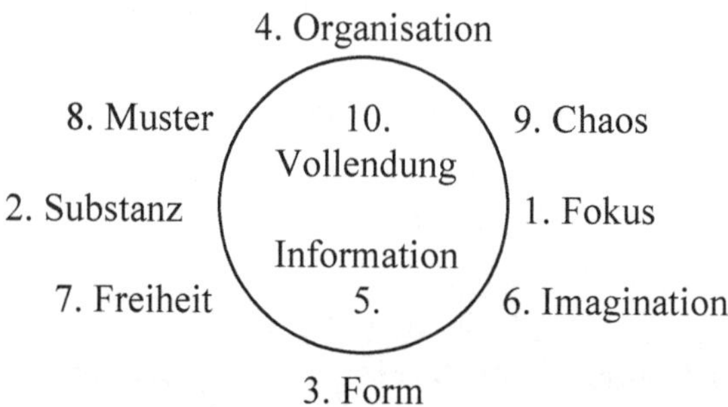

Im nagual-schamanischen Wissensschatz wird behauptet, dass sich jede Energie in Bewegung durch diese 10 Schritte bewegt, dass sich jeder Prozess, vom allerkleinsten bis zu den Prozessen des Entstehens und Vergehens von ganzen Universen gemäß dieser energetischen Gesetzmäßigkeit entfaltet.

Ich beleuchte diese Schritte hier an Hand des Beispiels, wie sich eine Situation vom Moment, in dem etwas unsere Aufmerksamkeit erregt, weiter entfaltet.

Fokus – Der erste Schritt

Etwas geschieht, fällt auf, erregt unsere Aufmerksamkeit. Es ist eine Art von Aktion – entweder etwas, was „draußen“ geschieht – oder unsere Aktion, des Ausrichtens der Aufmerksamkeit.

Substanz – Der zweite Schritt

Das Geschehene wird „wahrgenommen“ durch unsere Neurologie, es wird empfangen, aufgenommen und innerlich dargestellt – es werden innere Repräsentationen von Bildern, Klängen und Empfindungen erzeugt, die dann in der Folge im dritten Schritt nach außen projiziert werden, und als von „außen“ wahrgenommene „Formen“ erlebt werden.

Unsere „Substanz“ ist abhängig von den im Teil 1, Kapitel 1.2 „Wahrnehmung und Wirklichkeit“ beschriebenen Filtersystemen. Also von der Verfassung unserer Neurologie und unserer Vergangenheit, Vorlieben und Interessen, die die Basis bilden, auf deren Grund wir unsere Aufmerksamkeit ausrichten – und wodurch bestimmt wird, was uns überhaupt auffallen kann. Einen zweiten Filter zwischen Realität und Wahrgenommenem bildet alles, was wir bisher schon als Erfahrbar sortiert haben und somit alles nur irgendwie Ähnliche in Schubladen einordnen und vieles Andere durch diesen groben Raster fallen muss. Des Weiteren unsere Interessen, die Sprache und als dritten Filter – was wir überhaupt für möglich halten.

In diesem Zusammenspiel zwischen Fokus und Substanz kommt das „Kreations-Potential“ des Beobachters, des Teilnehmers (im Sinne der Quantenmechanik) zur Wirkung.

Form – der dritte Schritt

Durch dieses Fokus–Substanz-Wechselspiel von Anziehung & Aufmerksamkeit – *(„attraction & attention“)* – wird innerhalb einer Realität, die an und für sich vorerst nur aus energetischen Licht und Ton Schwingungen in unterschiedlichster Frequenz und Qualität besteht – eine Art „Gestalt“ kreiert – Aus Schwingungen werden durch Begrenzung, Einteilung und Zuordnung Formen definiert und erlebt.

Dadurch wird dem, was Aufmerksamkeit erregt hat und von unserer Substanz empfangen und verarbeitet wurde – Form gegeben – Wahrgenommenes wird nach außen projiziert und als da draußen befindliche Gestalt und Form erlebt – vergessen wurde dabei meist, dass diese Form von uns selbst (mit)kreiert wurde.

Organisation – der vierte Schritt – ***Bestimmung***
wird auch Entscheidung genannt. – (Bestimmung durch Entscheidung).

Bei diesem Schritt wird der wahrgenommenen Form **Bedeutung** gegeben. Hier findet Organisation, Zuordnung, Einteilung und Bewertung – statt. – Dingen wird Bedeutung beigemessen, sie werden zueinander in Bezug gesetzt und kategorisiert.

Worte und Symbole werden geschaffen, um Ordnungen herzustellen. – Abstraktes Denken findet auf dieser Ebene statt – und auch alles, woran wir glauben, was wir für möglich halten und was uns wichtig ist. (Werte)

In nagual-schamanischen Worten: Hier ist die Schnittstelle zwischen Tonal und Nagual – hier wird bestimmt welche Symbole in die Wirklichkeit gedeutet und geträumt werden – Hier wird unsere konkrete Wirklichkeit erschaffen.

Information – der fünfte Schritt – ***Verstehen***
wird auch Kommunikation genannt – (Verstehen durch Kommunikation).

Auf der Basis des vierten Schrittes entsteht Verständnis und Verstehen, was man als innere Kommunikation bezeichnen könnte – nach außen wird in irgendeiner Weise kommuniziert – verbal, nonverbal und durch Handlungen und Verhalten. Dadurch entsteht eine Spiegelung im Außen und es wird wiederum ein neues Verständnis ermöglicht.

Man geht mit dem – aus Fokus, Substanz, Form und Bestimmung – Erschaffenen nach außen und erfährt Spiegelung und Antwort –

Bestätigung, Berichtigung, Ablehnung, – und neues Verständnis. – Energetisch geschieht eine Öffnung des Eigenen – ein Schenken – und eine Öffnung gegenüber dem anderen, – ein Annehmen – es geschieht ein (Informations-)Austausch, – wenn als dessen positives Resultat, ein „Mehr“ entsteht, führt das schon in den sechsten Schritt:

Imagination – der sechste Schritt
Was noch kann daraus werden? – was noch kann es bedeuten? – in welchem anderen Zusammenhang kann es noch Bedeutung haben? – Hier finden nochmals Kreation und Schöpfung statt. – Das Potential des bisher Erschaffenen wird erforscht, erprobt und angewandt – und es wird mit Anderem in Bezug gesetzt und eventuell erweitert.

Freiheit – der siebente Schritt
An diesem Punkt ist Neu-Orientierung möglich. – Ein neuer Fokus. Vorlieben und Interesse bilden bevorzugte Wiederholungen und Charakteristika des Bestimmens, Kommunizierens und der Vorstellungskraft und es bilden sich

Muster – der achte Schritt
Muster als „Gestalten“ (Formen) von Verhaltens- und Handlungsabläufen. Produktive, schöne, erfüllende sowie unbrauchbare, schädliche Muster bilden sich heraus. Abläufe, in denen Platz für Neues, für Expansion besteht und solche, die angesichts der unausweichlichen Veränderung mehr und mehr Reibung erzeugen, bis sie als Muster zerfallen.

Chaos – der neunte Schritt
Chaos kann nur als solches wahrgenommen werden, wenn man es auf der Basis eines Musters erfährt – als nicht diesem Muster entsprechend. Es kann sein, dass ein Muster gerade zerfallen ist, ohne dass ein erkennbares neues noch da ist – oder etwas erscheint chao-

tisch, weil man das zugrundeliegende Muster noch nicht durchschaut und erkannt hat. Die Chaosforschung zeigt uns ja mehr und mehr, dass auch in – von uns erst mal als Chaos Erlebtem, – Regeln und Musterhaftigkeiten vorherrschen.

Vollendung – der zehnte Schritt
Hat eine als Form kristallisierte Manifestation innerhalb eines Zeitraumes all diese Schritte durchlaufen – durch ihre Bestimmung, Verstehen, Imagination, Freiheit, Muster und Chaos so hat sie ihre Vollendung erreicht.

•••

Einige interessante Anmerkungen und Querverbindungen zu diesen 10 Schritten:

Die Heissenberg'sche Unschärferelation und die Erkenntnisse der modernen Physik – das Beobachtersyndrom, bzw. die Erkenntnis, dass wir in einem „Teilnehmer-Universum" leben – kommt im Wechselspiel zwischen 1 und 2 zur Wirkung.

Dass das Verstehen, die Information (5) nach der Bestimmung, der Entscheidung (4) geschieht, ist „richtig gemein" – wer möchte nicht vorher verstehen und dann entscheiden? Aber es entspricht sosehr der Wahrheit der Erfahrung. Erst das Entscheiden gewährleistet bestimmte Lebenserfahrungen und dadurch das Verständnis, für das, was erlebt, erfahren und dadurch auch gelernt wurde. Denn erst durch die Entscheidung – und dabei ist es ganz egal, wofür oder wogegen entschieden wird – wird ermöglicht, dass sich das Leben entfaltet und dadurch neue Entwicklungen ermöglicht und wieder neue Entscheidungen eingefordert werden.

Dass der Chaosschritt unmittelbar und unausweichlich vor der Vollendung kommt und für diese notwendig dazugehört. Dies hat wohl mit Hingabe und Loslassen und dem Annehmen des Erreichten zu tun.

Der Chaosschritt kann als das Wirken-Lassen des bis dahin Aufgebauten gesehen werden. Es erinnert daran, vielleicht nicht unbedingt ein „Muster“ stetig voranzutreiben, oder mit viel Aufwand ständig tätig anzupassen und zutreffend zu erhalten – sondern lädt ein zu einem Loslassen und Wirkung-erzeugen-Lassen des Erreichten – als Vollendung. Danach erfolgt dann wieder eine Neuorientierung und ein neuer Fokus.

Weiteres zu 10,
der Zentrums-Bewusstseins-Energie zwischen der 4. und der 5. Dimension.

10.4 10. ALLE BEWUSSTSEINSZUSTÄNDE

Gemeint sind hier das persönliche Bewusste, Unterbewusste und Unbewusste und damit das Ausmaß des Anteilnehmens am Gesamtbewusstsein und am Leben überhaupt. Manche Tage sind besser (bewusster) als andere, aber das Maß der 10 ist eben immer bloß die zur Verfügung stehende 10. In gewisser Weise ist dieses Maß der 10-heit, der Bewusstheit bestimmend, inwiefern man die Brücke schlagen kann zu den höheren Dimensionen. Somit ist diese 10-heit auch der Ausdruck und Nachweis, wie sehr die Schilde in Balance sind, wie sehr die Alltagsrealität „erleuchtet“ erfahren werden kann, wie sehr man im „Zentrums-Schild“ zu Hause ist. In diesem Sinne, ist die 10, so sie ein stabiler Brückenpfeiler sein kann, das Zentrumsschild.

Wir haben nicht Bewusstsein, wir sind Bewusstsein.

„Bewusstsein“ kann auf verschiedenste Weise eingeteilt und differenziert werden. Im Allgemeinen wird zwischen Wach-Bewusstsein, Schlaf-Bewusstsein und Traum-Bewusstsein unterschieden.

Maharishi Mahesh Yogi unterscheidet sieben Bewusstseinszustände: – Wachen / Träumen / Schlafen / Transzendentales Bewusstsein / Kosmisches Bewusstsein / Gottesbewusstsein und Einheitsbewusstsein.

Im Teil 1 habe ich mich im Kapitel 2 sehr ausführlich mit dem Phänomen Bewusstsein auseinandergesetzt – und in diesem 3.Teil, im Kapitel 19; **Die Evolution des menschlichen Bewusstseins** befasse ich mich noch einmal ausführlich damit und beschreibe auch die transpersonalen Bewusstseinsstufen genauer.

•••

Damit sind die ersten 10 der 20 Kräfte vollendet. Diese werden auch als die Kräfte des „so-below“, die „unteren“ Kräfte genannt. Es sind die Energiemanifestationen der 3. und 4.Dimension.
Bei einer magischen „Anrufung“ und „Beschwörung“ werden diese Kräfte „evoziert“, das bedeutet „aus sich heraus“ zur Manifestation gerufen.

Die nächsten zehn, von 11 bis 20 werden als die „oberen“ Kräfte des „as-above“ bezeichnet und werden „invoziert“, „von Außen“ zur Manifestation gerufen.

10.5 GENAUERES ZUR TEILUNG DER 20 IN 12 + 8 UND IN 13 + 7

20 = 12 + 8 ist unsere „tonale Realität“,
die persönliche alltägliche Konsensrealität.
20 = 13 + 7 ist unsere „naguale Realität“,
die transpersonale Dimensionserfahrung der Tänzer

Die Achse 11, 12, 13 – also Zeit, Raum und Tod (in der Involutionszählung) bildet die Grenze bzw. eine Übergangs-Schwelle zwischen dem 3.- und 4.-dimensionalen Leben und den Erfahrungsmöglichkeiten höherer Dimensionen – den 7 Emanationen des Lichts, die Bewusstseinserfahrungsmöglichkeiten durch die 7 Tänzer.
(Siehe folgende Grafik)

13 steht für den Tod, der Leben gibt – also die Integration und Transzendierung des Todes als Erfahrung des ewigen Lebens.

Wird dies nicht erreicht und die 13 nicht integriert und transzendiert, so bleibt man im Erfahrungsbereich von 1 bis 12 und den Zyklen von Tod, Leben und Wiedergeburt innerhalb der 3- und 4-dimensionalen „tonalen Realität“, (20 = 12 + 8 , dem „*so below*“).

Erst durch ein Transzendieren und Integrieren der 13 – (am Besten zu Lebzeiten und nicht erst im Augenblick des Todes) – als 5-dimensionales Tor zur Erfahrung der höheren Dimensionen, wird 14, der Spiegeltänzer und Traumkörper erkannt und erfahren – und dadurch die höheren Bewusstseinsebenen der Tänzer und damit die „Nagual-Realität“ zugänglich. (20 = 13 + 7. das „*as above*“).
Siehe auch Teil 1, Kapitel 2.6 – (zum Thema: am Adler vorbeischwindeln)

6. Dimension

BEWUSSTSEIN / Geist

AS ABOVE

20 = 13 + 7

5. Dimension

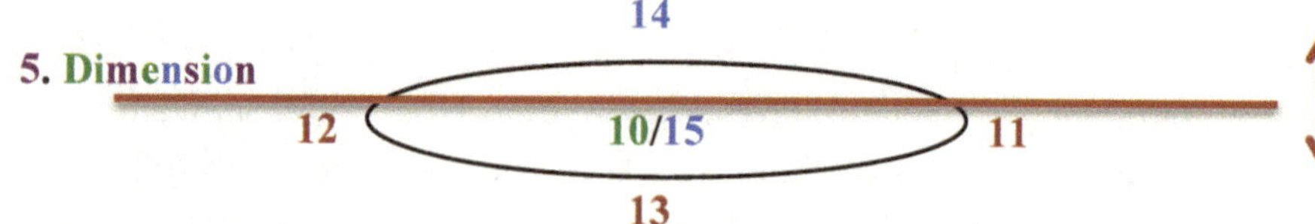

SO BELOW

20 = 12 + 8

ENERGIE / Seele

4. Dimension

MATERIE / Körper

3. Dimension

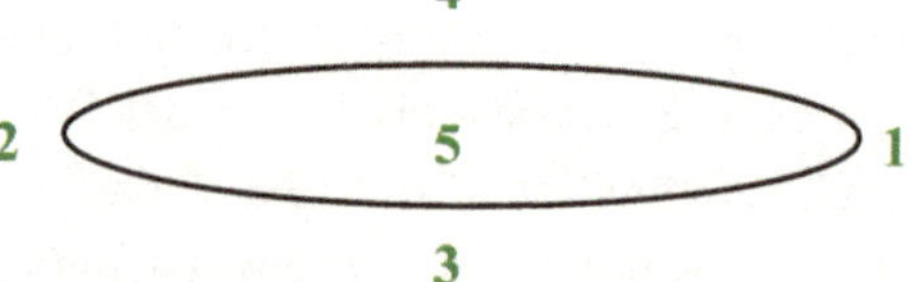

11.
DIE 5. DIMENSION
die (Regenbogen-)Brücke

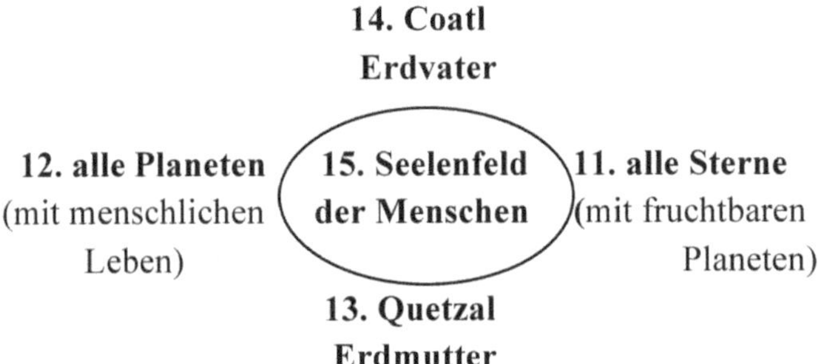

Es lässt sich erkennen, dass diese dritte Ebene eine mit der ersten korrespondierende aber höhere Dimension als diese ist. Wenn 1 die Sonne war, so ist 11 alle Sterne im gesamten Universum. Wo 2 die Erde war, so ist 12 alle Planeten, die um Sonnen kreisen. Wenn 3 Pflanzen waren, so ist 13 der „Spirit", der Traum, die Seele der Pflanzen. 4 war Tiere und ist hier 14, das Seelenfeld der Tiere. 5 war Mensch und ist hier 15, das Seelenfeld, das morphogenetische Feld der Menschheit.

11. Alle Sterne (mit fruchtbaren Planeten)

Alle Sterne, die fruchtbare (schwarze) Lichtenergie abstrahlen und somit das Potential haben, Planeten zu „befruchten" und Leben zu ermöglichen.

Somit steht diese Energie auch für „lichtvolle Einfälle", Inspirationen und Visionen.

12. Alle Planeten (mit menschlichem Leben)

Alle Planeten, die um fruchtbare Sterne (Sonnen) kreisen und auf denen (menschliches) Leben potentiell möglich ist.

Die ungeborene, ungeformte Innere Kreationskraft, bereit zur Schöpfung. Das Potential der Verwirklichung der Inspirationen und Visionen.

13. Quetzal – Erdmutter

Quetzal beinhaltet alles, was wir unter Natur verstehen – die unglaublich fruchtbare Fülle, das Nährende, die Vielfalt. Es ist die „Göttin Mutter Schönheit", der blühende Baum des Lebens genauso, wie die aus östlichen Traditionen bekannte erschreckende, todbringende Kraft der „Kali", der Göttin des Verderbens, des Vergänglichen und des Todes.

13 ist der Tod, der Leben bringt, der Tod, der Leben ermöglicht.

Bei einem Spaziergang in der Natur kann man dieser 13 begegnen – als Modergeruch – ein sich schon auflösendes Stück Holz oder Rinde, es zerfällt und ist schon nicht mehr ganz Holz, fast schon wieder Erde – Humus für neues Leben. Es ist belebt von Pilzen, Würmern, Larven, vielleicht winzigen Käfern und verwandelt sich in fruchtbaren Humus, wunderbare Wald-Erde. Nimmt man es in die Hand und riecht daran, so riecht man den Tod und das ermöglichte neu entstehende Leben, die 13.

Es ist auch die „spirituelle" Energie der Pflanzen, es ist das „Seelenfeld" der Pflanzen. Es ist das, was uns nährt, wenn wir Pflanzen essen.

14. Coatl – Erdvater

Dies ist das ausgleichende Prinzip der Natur. Es ist die Kraft und Energie, die dafür sorgt, dass es von Allem genug und von Nichts zu viel gibt. Es ist auch die „spirituelle“ Energie, das Seelenfeld der Tiere.

Der Zusammenhang mit der 14 als Spiegeltänzer (in der Involutions-Zählweise der 20 Essenzen und Grundmuster des Seins) erscheint am ersten Blick schwierig zu verstehen.

Doch wenn man erkennt, dass die 14 uns durch den bewussten Brückenschlag, zwischen unserem 3- und 4-dimensionalen Sein der Schilde hin zu den im Großen eingebundenen höheren Dimensions-Anteilen ermöglicht, wird der Zusammenhang klarer. Es sind ja zum Unterschied der Tiere, wir Menschen, die sich aus dem „instinkthaften“ (für Tiere), „intuitiven“ (für uns Menschen) Eingebunden-Sein im Gesamtgefüge durch unseren freien Willen und unserer Bestimmerkraft abtrennen können. Tiere sind über ihre „Seele“, eben 14, stets ins Ganze eingebunden. Unsere Seele, die 15 ist nicht ein instinkthaft, natürlich eingebundenes Seelenfeld, sondern eines, das von uns Menschen genährt wird und dies, – wegen unserer Bestimmerkraft, – nicht immer nur mit Inhalten, die im Einklang mit dem Größeren sind. In dieses Seelenfeld fließen leider auch unerlöste, „dunkle“ Bewusstseinsenergien, wie Neid, Geiz, Hass, Ängste, sowie Mord und Totschlag und das Leid unzähliger Kriege usw. ein. Somit bleibt uns als einfacherer Zugang zu den höheren Bewusstseins-Energien „die Erinnerung“ an das „paradiesische“ Eingebunden-Sein über die 14.

Man kann auch sagen die 14 **ist** das Doppel und das erkennen wir auch wieder in all den mythologischen Darstellungen dieser Energie als Traum-Misch-Wesen aus Tier und Tier, und Tier und Mensch und Mensch und Geistwesen in unserem Bewusstseinsfeld. Sprechende Drachen, gefiedert-geflügelte Schlangen, Zentauren, Meerjungfrauen, ..., und vor allem Engel. Das christliche Symbol für diese 14 ist die heilige Taube – und das indianische der Adler bzw. der Donnervogel.

15. Seelenfeld der Menschen

Es ist das kollektive Feld des Bewussten und Unbewussten, das „morphogenetische", gestaltgebende Feld der Menschheit. Darin enthalten ist „alle Materie" = „Alles, was wichtig ist",
(„all matter" = „all that matters" © Tehaeste), alle „Materie", geborene und noch nicht erschaffene.

Über dieses Feld habe ich an verschiedenen Stellen schon recht viel geschrieben, z.B. gerade eben bei 14, im vorigen Absatz.

12.
DIE 6. DIMENSION – darüber hinaus

16. Erleuchtete Wesen

Erleuchtung ist wohl der innere Zustand, bei dem das Alltagsbewusstsein des Ego-Selbst überschritten wird und das zugrundeliegende wahre SELBST erfahren wird. Es beginnt vielleicht mit einem Erwachen des Gewahr-Seins, einem Angekommen-Sein in einer Art gesamtheitlicher Wirklichkeit und ist begleitet von innerem Frieden, einem Hingeben und Auf-gehen in einer Art größeren Gnade oder Ganzheit. Obwohl es auch zu ekstatischen Glückszuständen kommen kann, ist es letztlich dieses beständige innere Leuchten, ein liebevolles ruhiges stetiges Strahlen.

Dieses SELBST der 16 ist das erleuchtete 6, also das aus der Konsensrealität erwachte Selbst, das über das selbstreflektierende Bewusstsein (10) hinaus Zugang zur Bewusstseinsebene der Dimension der Tänzer erlangt – im Fall der 16 den **Wasser-Tänzer**. Hier wird die hellste Form des Umgangs mit Emotionen erfahren und das ist wohl der Zustand der Glückseligkeit und allumfassender Liebe.

Für das Kollektiv der Menschheit und ihre Entwicklung ist es ungeheuer wichtig, dass immer wieder „Erleuchtete“ diese Möglichkeit des Herangehens an die Welt und des Seins in der Welt vorleben und als erreichbar beweisen.

17. Traum-Lehrer

Hier befinden wir uns auf der höheren Ebene der Erfahrens- und Erschaffens-Möglichkeiten. Das Erfahren kann in Form von tiefer Natur-Mystik stattfinden. Es gelingt immer öfter ganz im Sein anzukommen, bewusst einzutauchen in das Gefüge des „Alles“ bis nahe an den Ursprung des Bestimmens von Energieverdichtungen. Die Wirklichkeit wird als Traum erfahren und der Traum kann zur Wirklichkeit erhoben werden. Die in Zeit und Raum eingefrorenen und definierten Dinge und Wesen können als ihr größeres Urbild, als ihr Potential, als ihr Archetyp, als „Kachina“ erfahren werden und Imaginierte, vorgestellte „Gestalten“ können ins Sein geträumt werden. Es ist der **Erd-Tänzer** als Erschaffer möglicher neuer Wirklichkeiten und selbst in den „banalsten“ Tätigkeiten des Alltags kann eine ungewöhnliche Da-Seins-Tiefe erreicht werden, da man bis nahe an den Ursprung, der ursächlichen Erwirkung und Symbolbestimmung des Geschaffenen kommt.

Ein wenig kleiner gedacht wäre auch jeder ein Traum-Lehrer, der etwas außergewöhnlich gut verwirklicht hat, also ein Vorbild für eine Lebens- und Erfahrungsvariante ist. So kann auch ein exzellenter Handwerker oder Künstler, der anregt, selbst groß zu träumen und der zeigt, wie so ein Traum verwirklicht werden kann ein Traum-Lehrer sein.

18. Meisterschaft über Muster

Wo es bei 8 um zyklische Abläufe und Gesetzmäßigkeiten ging, geht es hier bei 18 um die absolute Meisterschaft darüber – also auch um die bestmögliche Meisterung des Physischen sowie aller mentalen „Festlegungen". Somit bedeutet das Erreichen der 18 den Schritt von Karma (8) zu Dharma (18), den Schritt in die Freiheit. Es gibt keine Muster, in denen man verstrickt sein muss. Es gibt nichts mehr aufzuarbeiten – das Leben entfaltet nicht automatisch, was erforderlich ist, – neue Lektionen oder solche, die noch nicht gelernt wurden, sondern man hat die freie Wahl. – Und so – wie es im Karma in erster Linie um das „Was“ des Lebens ging – so geht es in Dharma um das „Wie“, – und in welchem „Was“ sich das „Wie“ auslebt, ist nicht so wichtig. „Wie“ ist Engagement, „was“ ist auf der Ebene von *personality and event* und damit eher beliebig. So liegt unsere persönliche Herausforderung nicht darin was wir tun, sondern im großen Ausmaß darin wie wir es tun. Es geht um Charakter-Bildung und -Verfeinerung.

Denn hat man das Bewusstheitsniveau von 18 erreicht, geht es nur mehr darum, zu verwirklichen, was einem verwirklichungswert erscheint, Nichts muss. Und diese Freiheit kann schon auch mal als Orientierungslosigkeit empfunden werden und kann einem vorrübergehend in ein tiefes Loch stürzen lassen, denn man ist ausschließlich auf sich selbst zurückgeworfen, es gibt nichts zu erledigen, abzuarbeiten, nachzuholen. Man ist frei, zu tun und lassen, was man will – nur was ist das? Was tun mit soviel Freiheit? Das altgewohnte „Karma-Ego“ war ausgerichtet darauf „zu müssen“, – vorgegebene, auftauchende Notwendigkeiten abzuarbeiten. Manchmal sehnt man sich vielleicht wieder nach dieser „Sicherheit“ und dem vollgeschriebenen Kalender.

In einer Metapher beschrieben, hat man das Fertigungs- und Montage-Fließband verlassen und ist in die Kreativ-Abteilung befördert und mit allen nur erdenklichen Freiheiten ausgestattet worden. Und diese Freiheit will erst behutsam angenommen und abgetastet werden. Das sich noch nicht neu geformte, ungewohnt „unfeste“ Muster kann und muss gestaltet werden, immer wieder neu gefunden und erfunden werden. Alles Vorstellbare, alles Denkbare ist möglich, doch kaum etwas drängt sich von selbst auf, man „muss“ selbst schöpfen, selbst „Gestalt“ geben. Und es kann schon geschehen, dass das „Schild-Ego“ in der Konsensrealität kreischt, winselt und tobt und gewohnte funktionierende Abläufe zurück will und einfordert. Doch die Energie des **Wind-Tänzers** bläst unbarmherzig das Lied der Freiheit. Und wenn man sich diesem Lied hingibt und sich vertrauensvoll einschwingt und einlässt auf das Unbekannte, wird man vielleicht entdecken, dass man SELBST es ist, der dieses Lied singt und pfeift.

19. Meisterschaft über Energie

Jetzt ist man an der Quelle angekommen. Nur ein Schritt weiter und man ist das ganze Alles. Ein harmonisches Sein im Einklang. Gegensätze werden als das ergänzende Fehlende zum Ganzen erfahren. Männlich – weiblich, Ein und Aus, Innen – Außen, ein Schwingen und Sein in Resonanz zum Alles.

Der Ausdruck „Meisterschaft über Energie“ ist eigentlich zu klein, denn es ist „Bewusst-Seins-Meisterschaft“, insofern als Bewusstsein die Energie bestimmt und lenkt. Der **Schatten-Feuer-Tänzer** als erstgeborener Bewusstseinsstrahl, als Kreationsquelle aller Erscheinung.

20. Wakan Tanka – Great Spirit

Der Kreis hat sich geschlossen – Wakan Tanka erfährt sich selbst, sein/ihr SELBST in allen ihren/seinen Schöpfungen. **Das große Geheimnis** hat sich selbst offenbart und zugleich doch nichts von seinem Geheimnis enthüllt.

13.
DIE FEINSTOFFLICHE „ANATOMIE" DES MENSCHEN

Wären wir imstande unser wahres multidimensionales Dasein in seiner Gesamtheit „wahrzunehmen", würden wir eine höchst erstaunliche faszinierende Lichtshow von Farben, leuchtenden Strahlen, sich bewegenden Lichtfasern, aufblitzenden und verlöschenden Licht- und Farbeffekten, wirbelnden und pulsierenden Energieverdichtungen „sehen" – und das alles innerhalb eines leuchtenden, luminösen Energieballs in länglicher Ei- oder Kokon-Form.

Das zu „Substanz" und „Form" verdichtete, kompakte, kleinere Zentrum dieses leuchtenden Lichtwesens ist, wie der Dotter im Ei oder der Kern in der Marille – unser Körper und seine 3-dimensionale Realität.

Die oben beschriebenen vielfältigen Licht- und Energieverdichtungen sind unsere feinstofflichen „Persönlichkeitsanteile" in den höheren Dimensionen, eine organisierte und strukturierte Vernetzung von unterschiedlichen energetischen Schwingungsfrequenzen, die auf den Körper einwirken, ja, ihn in gewisser Weise erschaffen und „formen".

Dieses leuchtende Kokon mit all seinen Schwingungsfeldern, ist die Verbindung und Brücke zwischen dem physischen Körper, der Seele und dem Geist, zwischen Materie, Energie und Bewusstsein, zwischen Drei-Dimensionalität und höheren, schneller schwingenden Dimensionen.

In den folgenden Kapiteln beschreibe ich einige der Bestandteile dieses leuchtenden Kokons, – **„the glowing coat of awareness“** – die strahlend leuchtende Hülle des Bewusstseins. Die multidimensionalen Wesensanteile, (die Bewusstseins-Schalen der Aura) – Die Chakren – Die Tänzer – Die Schilde – Den Montagepunkt – Den Oktogonalen Spiegel.

Eine wichtige Vorbemerkung zu den folgenden graphischen Darstellungen:

Wenn wir über die „Multi-Dimensionalität“ des Mensch-Seins sprechen und vor allem, wenn wir dazu Modelle zeichnen und kreieren, müssen wir uns schon gewahr darüber sein, dass auf dieser subtilen, feinstofflichen Ebene jede rigide Festlegung auch ein „Mitkreieren“ bedeutet. Solche Modelle sind und können nur Vorstellungshilfen und -krücken sein, um darüber zu kommunizieren. Es muss uns klar sein, dass ein Modell, an das wir glauben, dieses auch als Struktur „erschafft“. So ist auch erklärbar, dass verschiedene Traditionen und Mysterien-Schulen unterschiedliche „Auren-Modelle“ lehren. Es finden sich mehrere oder weniger Schichten oder auch ineinander fließende Strukturen.

Und doch findet man mehr Gemeinsamkeiten als Trennendes, so lassen sich z.B. ganz deutliche Übereinstimmungen zwischen den Menschenbildern des hinduistischen Vedanta, des tibetischen Buddhismus und des Nagual-Schamanismus feststellen.

Was im Nagual-Schamanismus als das „leuchtende Kokon“ mit seinen Tänzer- und Schild-Energien bezeichnet wird, findet sich im Vedantischen Hinduismus und im Buddhismus als *„koshas“*, als die Hüllen des Selbst, die Hüllen des *„atman“*.

13.1 DIE REGENBOGENBRÜCKE

Von den TÄNZERN über die CHAKREN zum KÖRPER

von BEWUSSTSEIN zu ENERGIE zu MATERIE

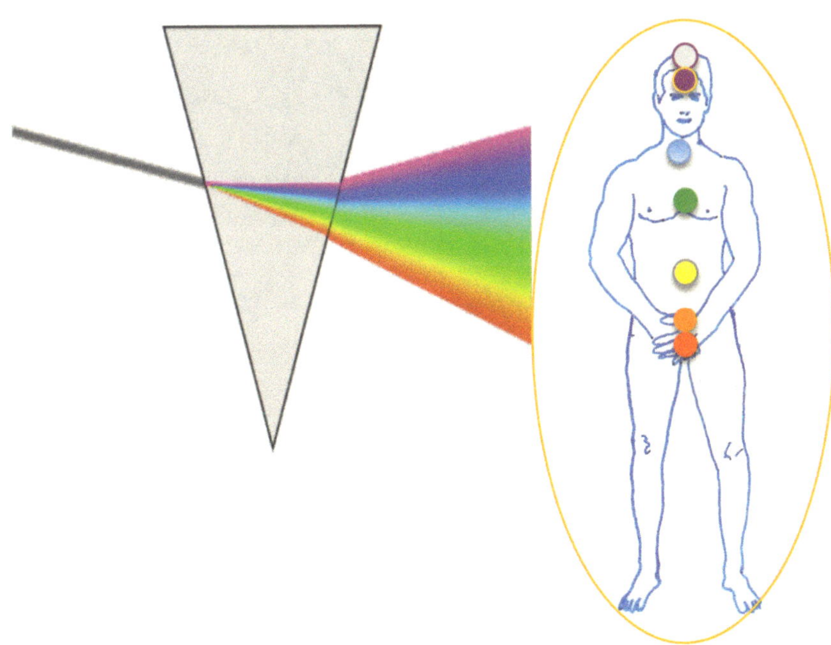

13.2 DER MENSCH ALS MULTI-DIMENSIONALES WESEN

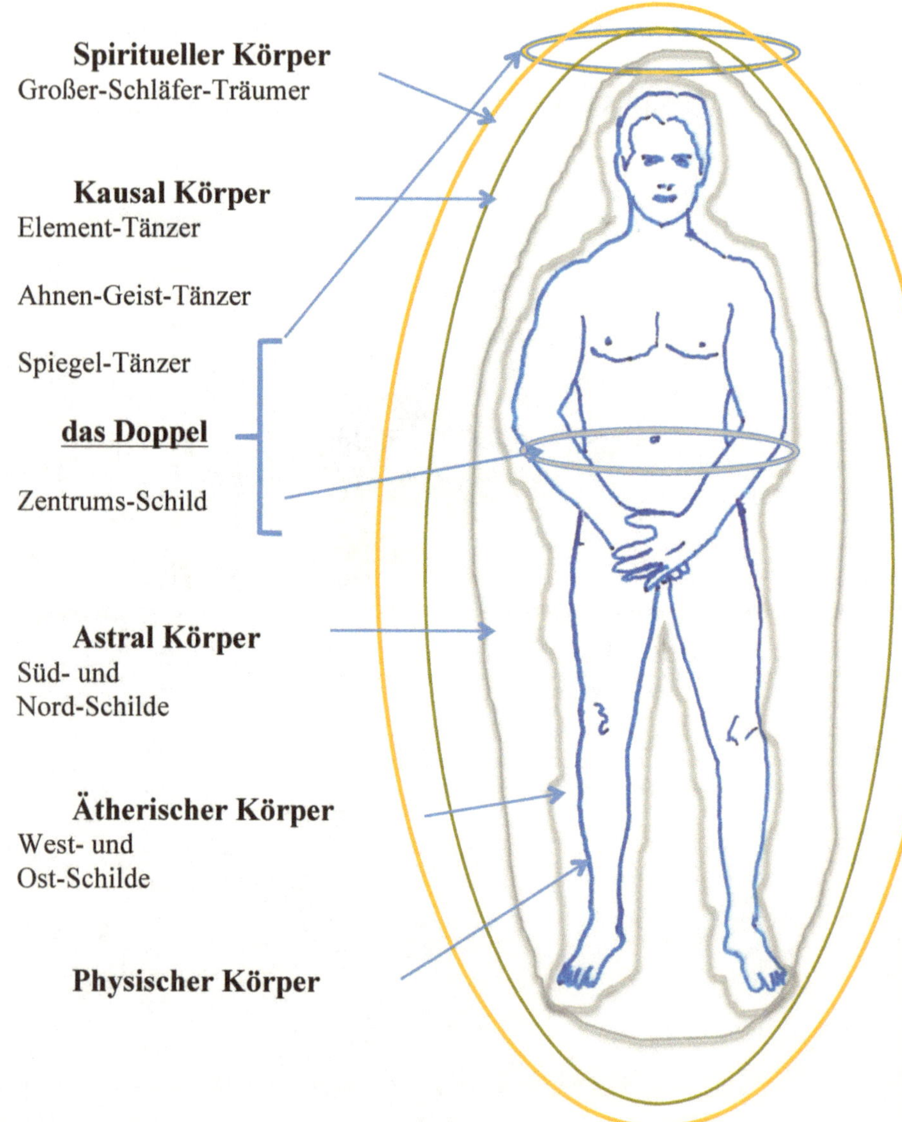

Der Mensch als multi-dimensionales Wesen

7. Dimension:
Der Spirituelle Körper — **Großer-Schläfer-Träumer**

6. Dimension:
Der Kausal-Körper — **Feuer-Tänzer**
Wind-Tänzer
Erd-Tänzer
Wasser-Tänzer

5. Dimension — **Ahnen-Geist-Tänzer**
Spiegel-Tänzer

Das Doppel { **Zentrum-Schild**

Die vom reifen, balancierten Menschen gemeisterte 3. und 4. Dimension

4. Dimension:
Der Astral-Körper
Der Mentale Körper — **Nord-Schild**
Gedanken, Ideen, Konzepte,
Der Emotionale Körper — **Süd-Schild**
Emotionen

Der Ätherische Körper — **Ost-Schild**
West-Schild

Biovital-Energie, bewegende und belebende Kräfte, Aufbau und Lebenserhaltung des physischen Körpers Organ-, Nerven- und Gehirn-Funktionen, Atem, Kreislauf, Sitz des Chi, ...

3. Dimension:
Der physische Körper

13.3 DIE SCHICHTEN DES BEWUSSTSEINS - - DIE *KOSHAS* DES *ATMAN*

Im tantrisch-vedischem Wissen, sowie auch in der tibetischen Mystik werden diese feinstofflichen Energien des Menschen praktisch genauso beschrieben:

Spiritueller Körper ***ananda maya kosha***
Glücksbewusstsein
Kausal Körper ***vijna maya kosha***
intuitive Erkenntnisfähigkeit, Imagination
Astral Körper ***mano maya kosha***
Gedanken, Gefühle, Motive, Wille
Ätherischer Körper ***prana maya kosha***
vegetative Lebensfunktionen
Grobstofflicher Körper ***anna maya kosha***
Erkenntnissinne, Tastsinne, Handlungen

Lama A. Govinda über die „Hüllen" (Ebenen oder Schichten) des Bewusstseins:

... Diese „Hüllen" sind also nicht als aufeinanderfolgende, getrennte Schichten, die sich um einen festen Kern ansetzen, zu verstehen, sondern als sich gegenseitig durchdringende Prinzipien – vom feinsten, „allseitig leuchtenden", alles durchstrahlenden Bewusstsein bis zum „materialisierten Bewusstsein", das als Körper in sichtbare Erscheinung tritt. Die jeweils feineren Hüllen erfüllen und schließen die gröberen in sich ein. ... Lama A.Govinda; Grundlagen tibetischer Mystik.

... So wie der materielle Körper durch Nahrung aufgebaut und von den vitalen Kräften des Prana, des lebendigen Odems durch-

drungen und belebt wird, so durchdringt das aktive Bewusstsein die Funktionen des Prana und bestimmt die Form der körperlichen Erscheinung. Denken, Atmen und Körper aber sind ihrerseits durchdrungen von dem noch tieferen Bewusstsein vergangener Erfahrung, in dem das unendliche Material, aus dem das Denken schöpft, beschlossen liegt und das wir mangels eines besseren Ausdrucks als Unterbewusstsein oder Tiefenbewusstsein bezeichnen.

Im Zustande der Meditation aber werden alle diese bewussten und unterbewussten, feinmateriellen, vitalen und grobmateriellen Funktionen von der Flamme der Inspiration und Beseligung (anada) durchdrungen und verwandelt, bis die universelle Natur des Bewusstseins offenbar wird. Hierauf beruht der „Yoga des Inneren Feuers“ ...

... Es ist also nur der aus Inspiration geborene Geisteskörper (ananda-maya-kosa), der alle fünf Schichten durchdringt und somit alle Organe und Fähigkeiten des Individuums vereint und zu einem Ganzen zusammenschmilzt. In dieser Ganzwerdung liegt das Geheimnis der Unsterblichkeit. Solange wir diese Ganzheit nicht erreicht haben und uns mit „Teilen“, mit Geringerem, identifizieren, sind wir dem Gesetz der Materie und alles Zusammengesetzten unterworfen: dem Gesetz der Sterblichkeit.

Dennoch wäre es falsch, die Bedeutung des aus Nahrung gebildeten (anna-maya) grobstofflichen Körpers zu unterschätzen, denn wenn er auch seiner Natur nach am beschränktesten ist, indem er nicht die Fähigkeit hat, die anderen „Körper“ zu durchdringen und zu erfüllen, so ist er dennoch selbst von allen anderen „Körpern“ durchdrungen und wird dadurch notwendigerweise zum Schauplatz aller seelischen Vorgänge und Entscheidungen. Der Körper ist sozusagen die zwischen Himmel und Erde errichtete Bühne, auf der das seelisch-kosmische Drama sich abspielt. Er ist für den Wissenden die geweihte Bühne eines unerschöpflich tiefen Mysterienspieles. ...

Lama A.Govinda; Grundlagen tibetischer Mystik.

... Der Körper ist das geronnene, kristallisierte oder materialisierte Bewusstsein aus der Vergangenheit. ...

... Denn was wir unseren Körper nennen, ist in Wirklichkeit, der sichtbare Ausdruck unseres Bewusstseins, oder genauer, das Resultat (vipaka) vergangener formbildender Bewusstseinszustände. ...

Lama A. Gowinda; Grundlagen tibetischer Mystik

•••

Das menschliche Energie- und Bewusstseinsfeld – **die Aura** – ist also sozusagen der höher-dimensionale, kausale, „implizite Bereich" des Körpers, der den entfalteten „expliziten Bereich" davon darstellt. (zu diesen Bereichen siehe auch Teil 1, Kapitel 6.3).

Die feineren Bewusstseins-Schichten der Aura sind die höherdimensionale Wirklichkeit der vier- und drei-dimensional verwirklichten mentalen, emotionalen und physischen Realität.

Und so wie sich unser Körper in der manifestierten „festen", materiellen Welt bewegt und von dieser beeinflusst wird und diese berührt und durch seine Körperlichkeit in ihr verändernd wirkt, genauso nimmt unser feinstofflicher Körper, unsere Aura teil in der subtilen feinstofflichen Welt der subnuklearen „Wirklichkeit".

So ist es wahrscheinlich nicht sosehr „das Beobachten" des Beobachters, was das „Beobachtete" beeinflusst, als vielmehr der subtile Körper des Beobachters, mit seinen höher-dimensionalen Anteilen, der auf die subtile Ebene der Teilchen/Wellen, der subtilen, subnuklearen Wirklichkeit/Potentialität einwirkt. Und wahrscheinlich ist der Einfluss dieses koexistierenden „impliziten" Wirkungsfeldes wesentlich stärker und wirkungsvoller als feststoffliche, dreidimensionale „explizite" Aktivitäten. Und dies ist eine wichtige Erkenntnis für das Thema Krankheit und Heilung – sowie für „effektive" Wirklichkeitsveränderungs-Arbeit durch „Beabsichtigendes Imaginieren".

Man kann dieses multi-dimensionale Zusammenspiel, diese „Gleich-Zeitigkeit“ und „Gleich-Örtlichkeit“ der verschiedenen „Hüllen“ bzw. Schichten der Aura, also unsere unterschiedlichen feinstofflichen Körper auch als in unterschiedlichen Frequenzbereichen schwingende „Persönlichkeits-Anteile“ unserer Multidimensionalität betrachten.

Und genauso, wie sich das „eine“ Licht im Übergang zu langsamer schwingenden Dimensionen in die sieben Regenbogenfarben aufspaltet, (siehe Grafik 9.1) – so kann man dieses Phänomen auch auf der langsamer als Licht schwingenden Ton- und Schall-Ebene beobachten – und damit bildet Klang eine Art Brücke zwischen Licht und Feststofflichkeit, und somit zwischen Potentialität und Verwirklichung. (Dies weist auf die Wichtigkeit des „laut“ Aussprechens, des „Klang-Gebens“ von Beabsichtigungen hin. – *„Am Anfang war das Wort und es ist Fleisch geworden. ...“*).

Und auch hier spielt die „7“ wieder eine gewichtige Rolle – denn eine Oktave umfasst acht Töne, wobei der achte die doppelte Frequenz des ersten Tones hat, also in gewisser Weise eine „Wiederholung“ des ersten ist, nur eben eine Oktave höher schwingend; es also sieben „unterschiedliche“ Töne sind.

So kann man sich die multidimensionalen Licht-Bewusstseins-Frequenzschwingungen, auch als 7 Ton/Schall-Frequenzschwingungen, sowohl innerhalb einer Oktave, als auch als 7 aufeinander folgende Oktaven vorstellen.

Ein holographisches (vielleicht besser „holophones“) Erleben.

Das sieben-Oktaven-Keyboard menschlicher Erfahrungsmöglichkeit:

/	/	/	/	/	/	/
Physischer-Körper	Äther-Körper	Astral-Körper emotionaler u. mentaler Körper		Doppel	Kausal-Körper	Spiritueller-Körper

KÖRPER	SCHILDE	DOPPEL	TÄNZER
Materie	Energie		Bewusstsein

Das kosmische Keyboard steht bereit für die Komposition unserer Symphonie.

•••

Wenn ich jetzt in den nächsten beiden Kapiteln noch einmal „die Tänzer“ beschreibe, so geschieht dies wieder von einem anderen Blickwinkel und in ihrem Zusammenwirken mit den „Schilden“.

14.
DIE TÄNZER DES MULTI-DIMENSIONALEN MENSCHEN

Es gibt zwei (vielleicht nur scheinbar) grundlegend verschiedene Arten, die Tänzer zu verstehen.

SIND DIE TÄNZER – INDIVIDUELL ODER KOLLEKTIV ?

– Das Verständnis, dass die Tänzer „individuell" sind, insofern, dass jeder Mensch „seine" Tänzer hat, die mehrere verschiedene Menschenleben ermöglichen – wie viele das sein können, ist nicht ganz klar – klar wäre nur, dass alle diese Leben Verwirklichungsvarianten der einen unzerstörbaren, ewigen Spirit-Persönlichkeit wären. Das entspräche in etwa der Auffassung der Advaita Vedanta und der Upanishaden, demnach es die Weltseele Brahman und das individuelle Selbst Atman gibt. – Obgleich auch im „Advaita-Verständnis" letztlich Atman und Brahman als wesensgleich erkannt werden müssen. (advaita – bedeutet ja „nicht-zwei".) Es bleibt also bloß die Frage, wie lange Atman und Brahman als nicht ident erfahren werden.

- oder -

– Man versteht die Tänzer als „kollektiv" , also wir alle, als eine Menschheit haben diese (gleichen) Tänzer, als in höheren Dimensionen eingefaltete potentielle Menschen-Möglichkeit, die sich in allen Menschen entfalten und verwirklichen will. Diese Auffassung entspricht den Lehren des Buddhismus, laut der die Weltseele Brahman und das individuelle Selbst Atman eine Wesenseinheit sind – und es darum geht, dies zu erkennen.

- oder/und – sowohl als auch

– Beide Varianten sind im Eigentlichen das Gleiche, da in dieser „höheren" Dimension keine Trennung, keine Dualität mehr besteht, und die eine Spirit-Persönlichkeit zugleich auch die eine Menschheit ist – und letztlich auch noch darüber hinaus nicht nur die eine Menschheit, sondern alle Wesen, das gesamte Universum, das Alles ist.

DER GROSSE-SCHLÄFER-TRÄUMER

ist eine Art „Umfassend-integriertes-Gesamt-Selbst", dessen Wirklichkeit und Wirksamkeit in einer Dimension jenseits von Zeit- und Raum-Begrenzungen besteht. Es ist die im Nagual-Schamanismus so bezeichnete „Spirit-Persönlichkeit".

Dieses „SELBST" manifestiert (entfaltet) verschiedene Möglichkeits-Existenzen gemäß zu erreichender Wert-Vorstellungen und Ideen „hinunter" in die 3. und 4. dimensionale Realität. Da diese verschiedenen Existenzmöglichkeiten durch ihr höher-dimensionales „Sein" verbunden sind, kann es bei entsprechender „Durchlässigkeit" geschehen, dass eines dieser Existenzmöglichkeiten Anteile und Teil-Aspekte einer oder mehrerer der anderen Existenz-Möglichkeiten oder -Varianten des Gesamt-Selbst erspürt, erahnt, erchannelt, erträumt, erinnert.

Dies wäre eine Erklärung für die doch recht häufig vorkommenden und hinlänglich dokumentierten „Reinkarnations"-Erfahrungen und -„Beweise".

In diesem Sinn wäre Reinkarnation das Erinnern, Erspüren, Erchanneln, ..., von parallelen Möglichkeits-Entitäten oder Wahrscheinlichkeits-Entfaltungen des zugrundeliegenden (in höheren Dimensionen eingefalteten) Gesamt-Selbst – der Spirit-Persönlichkeit.

Im „kollektiven" Verständnis der Tänzer-Energien steht dieser Tänzer für Wakan Tanka, für die höchste „Freiheit", den Anfang und das Ende der Schöpfung.

In der 20er Zählweise, **die 0 und die 20,**

Die nächsten 4 Tänzer sind die vier Element-Tänzer:

DER SCHATTEN/FEUER-TÄNZER

ist die elektrische „Impuls-Energie“, die Licht-Feuer-Bewusstseins-Energie der Schöpfung. Der Spirit, das Feuer, das Licht, die unbegrenzte Kreativität und Imagination, aus der heraus sich das Leben in allen Wesen und Dingen entfaltet.

Als „kollektive“ Tänzer-Energie steht er für reines vibrierendes, lebendiges, spirituelles Sein, jenseits aller Muster, Zyklen und Beschränkungen.

In der 20er Zählweise ist das **19**, das Ein- und Ausatmen, die weiblich/männliche Balance. – Die reine Implosion/Explosions-Energie.

DER WIND-TÄNZER

hält das Feld aller mentalen Kräfte und Möglichkeiten des „Mind“. Alles Denken sowie das „gehirn-abhängige“ Bewusstsein wird von diesem Tänzer genährt.

Als „kollektive Tänzer-Energie steht er für die bestmögliche Musterkreation und damit auch für alle Gesetze und die Meisterschaft der zyklischen Abläufe.

In der 20er Zählweise entspricht dies der **18.**

DER ERD-TÄNZER

hält die potentielle Energie aller nur imaginierbarer, physischer Verwirklichungen und damit auch das Potential „anderer“ physischer Erfahrungsmöglichkeiten jenseits üblicher Konsens-Realitäten.

Als kollektive Tänzer-Energie steht er für das Erschaffen von „physischen“ Wirklichkeiten. Es ist die Ebene auf der sich Quanten, Photonen und Elektronen zu „Teilchen“ verbinden.

In der 20er-Zählweise entspricht dies **17**, den Traumlehrern, den Kachinahey, archetypischen Modellen für Verwirklichungsmöglichkeiten.

DER WASSER-TÄNZER

hält das Feld aller möglichen erfahrbaren Emotionen und Gefühle bereit, ein nahezu unendlich tiefes Meer an Empathie, Liebe und Glückseligkeit und ein Mitfließen im Strom der Lebendigkeit.

Als kollektive Tänzer-Energie steht er für die Möglichkeit der tiefen inneren Erfahrungen von Liebe und Verbundenheit, von Vertrauen und glücklichem Eingebunden-Sein; für das Erfahren des Inneren Lichtes und Feuers, der Erleuchtung.

In der 20er-Zählweise entspricht dies den erleuchteten Ahnen **16**.

DER AHNEN-GEIST-TÄNZER

hält das „Heilige Bildnis", die höchste evolutionäre Vervollkommnung und Verwirklichungs-Möglichkeit der „Spirit-Persönlichkeit" und sorgt dafür, dass diese „Vision" auf möglichst perfekte Art und Weise in verschiedenen „Missionen" erfüllt, erreicht und verwirklicht wird. Dies geschieht, indem das „Heilige Bildnis" einen starken Verwirklichungs-Sog oder -Drang erzeugt.

Im „kollektiven" Verständnis der Tänzer-Energien steht dieser Tänzer für das Seelenfeld der Menschheit (in der 20er Zählweise die **15**) und zugleich für alle von diesem und in diesem Seelenfeld „imaginierbaren", erträumbaren „Realitäten".

DER SPIEGEL-TÄNZER

auch Traum-Körper genannt, ist die Bewusstseins-Entität und Energie durch die jede Realität ins Sein gespiegelt bzw. geträumt wird. Mit diesem und durch diesen Tänzer kann man Zugang zu allen Dimensionen und allen anderen Tänzern erreichen – dies aber nur mit „balancierten Schilden“ und durch die Verbindung des Zentrumsschildes mit dem Spiegeltänzer, – dem Doppel.

Dieses Doppel ist das energetische Sein in mehreren Dimensionen. Durch den Spiegel-Tänzer werden die Erfahrungen, Einsichten und Erkenntnisse aus der anderen, der „Spirit-Welt“, dem Nagual in diese unsere Realität „gespiegelt“. Das heißt: übersetzt in die Symbolik, die Bilder und Sprache, die in dieser Welt verstanden werden können. Diese Übersetzung in Symbolik, Bilder und Sprache, ist natürlich persönlich und kulturell geprägt und das beeinträchtigt selbstverständlich die Kommunikation darüber, falls man diese Erfahrungen mit anderen teilen will, z.B. beim „Gemeinsam-Beabsichtigendem-Träumen“.

Als „kollektive“ Tänzer-Energie ist dies die Energie von **14** in der 20er Zählweise. Sie steht für das absolute Eingebunden sein in Harmonie und Balance, für die Spirituelle Energie der Tiere und für den „Heiligen Geist“ der Kommunikation durch alle Ebenen und Dimensionen.

15.

DIE SCHILDE – UND IHR BEZUG ZU DEN TÄNZERN

Die Funktion der sogenannten Schilde ist es,
1. uns ein Leben in einem Körper in der drei- und vier-dimensionalen Realität zu ermöglichen – und
2. uns in der jeweiligen Umgebung und Zeit, in die wir uns inkarnieren, bestmöglich überlebensfähig sein zu lassen – als Filter der Konsens-Realität.

Und das bedeutet, dass sie als große, effektive Filtersysteme funktionieren, die nur soviel in unsere Erfahrens-Realität durchlassen, wie wir in jedem Moment imstande sind aufzunehmen, anzunehmen und zu verarbeiten – ohne vollständig überlastet, überfordert und reizüberwältigt zu sein – und aus dem Feld der allgemein akzeptierten Wirklichkeit zu fallen.

DAS OST-SCHILD

filtert die nahezu unbegrenzte Feuer- und Licht-Energie des Feuer/Schatten-Tänzers so, dass wir als ein vom All-Eins-Sein getrenntes Wesen nicht verglühen und verbrennen, sondern gerade so viel Feuer und Licht-Energie zur Verfügung haben, um unsere Vision zu erkennen, unsere Missionen zu erfüllen und Begeisterung und Expansion erfahren können.

Im Kontakt mit und durchlässig für die Energie des Feuer-Tänzers dient uns dieses Schild als Leitstern und Leuchtturm, um unsere höchste Möglichkeit in diesem Leben zu verwirklichen und die Freiheit der unbegrenzten Imagination, der Kreativität und des unbändigen Expandierens zu leben. (Es geht immer weiter – und es gibt kein „nein“ und kein „Unmöglich“).

Deshalb ist dies auch der Platz des Huaquas **Hoffnung**, bzw. besser: **Zuversicht.**

Ist das Ost-Schild vom Feuer/Schatten-Tänzer abgeschnitten – oder hat es die Sicht auf die Vision oder die Wertigkeit seiner Verwirklichung verloren, so verdunkelt sich das Licht und es erkältet das Feuer. Dann ist dort der Platz des Feindes der **Depression.**

DAS WEST-SCHILD

filtert die nahezu unbegrenzten Materialisierungs- und Verwirklichungs-Energien des Erd-Tänzers so, dass wir imstande sind, die von unserer Vision inspirierten konkreten Aktivitäten, Handlungen und physischen Manifestationen umzusetzen.

Im Kontakt mit der Energie des Erd-Tänzers gibt uns dieses Schild die Möglichkeit alles, was wir in diesem Leben physisch und konkret umsetzen wollen, auch wirklich zu verwirklichen. Ein „Das-geht-doch-nicht" oder ein „Das-hat-noch-nie-wer-geschafft" gibt es einfach nicht. Seine Hauptfunktion ist wohl das Aufrechterhalten der Gesundheit und der perfekten Funktionalität des physischen Körpers sowie das Erschaffen einer bestmöglichen physischen Realität: Beziehung, Karriere, zu Hause, ...

Dies ist der Platz des Huaquas **Gesundheit**.

Ist das West-Schild vom Erd-Tänzer abgeschnitten, so schleicht sich Erfolglosigkeit ein in die physische Verwirklichung – Karriere, Beziehung, zu Hause. Es kann zu Krankheiten, Unfällen und Verletzungen kommen.

Dies ist der Platz des Feindes **Stress, Hysterie, Krankheit und Tod**

•••

Diese beiden Schilde, das Ost- sowie das West-Schild sind in erster Linie dafür verantwortlich, dass „Materie" zu von „Spirit" inspiriertem „Leben" wird, dass aus dem Zusammenwirken von Quanten,

Photonen, Atomen, Zellen, Molekülen, Organen, ein ganzes überlebensfähiges Wesen sich entwickelt.

Durch die Ost- und West-Schilde wird jedenfalls folgendes ermöglicht: – Bewegende und belebende Kräfte, Biovital-Energie, der Aufbau und die Lebenserhaltung des physischen Körpers, Organ-, Nerven- und Gehirn-Funktionen, Atmen, Kreislauf, Chi-/Ki-Energie.

DAS SÜD-SCHILD

filtert die nahezu unerträgliche Bandbreite möglicher Glücksgefühle zu einem erträglichen Glücks-Cocktail an dem wir hoffen, nicht zu betrunken zu werden. Es sorgt auch dafür, dass wir nur Emotionen zulassen, die im gerade gängigen Kollektiv üblich und akzeptiert sind. Das eröffnet natürlich ein weites Spektrum von akzeptierten und nicht akzeptierten Gefühlen, die in Folge meist verdrängt und nach Außen projiziert werden.

Im Kontakt mit der Energie des Wasser-Tänzers eröffnet uns dieses Schild die Möglichkeit, all die Gefühle zu erfahren, die sich einstellen, wenn man im Strom der Lebendigkeit mitfließt und durchlässig bleibt. – Dies ist der Platz des Huaquas **Glücklich-Sein**.

Ist das Süd-Schild vom Wasser-Tänzer abgeschnitten, werden Gefühle gewertet, aufgestaut, verleugnet, verdrängt und unangemessen ausgedrückt bzw. unterdrückt. Man verliert die Steuerungsfähigkeit und wird zum Spielball und Opfer seiner Gefühlsunbalancen.

Dies ist der Platz des Feindes **Angst**.

DAS NORD-SCHILD

filtert alle möglichen „mentalen" Aktivitäten und Möglichkeiten, alle vorstellbaren Denkvorgänge so, dass unsere Glaubenssätze und Überzeugungen, unser Glaubenssystem und unser Weltbild zu der kollektiven Übereinkunft über die Wirklichkeit passen.

Im Kontakt mit der Energie des Wind-Tänzers erfahren wir einen völlig offenen „Mind". Das Einnehmen verschiedenster Standpunkte, große Flexibilität im Denken und das Schaffen von „win-win"-Situationen sind möglich. – Dies ist der Platz des Huaquas **Humor.**

Ist das Nord-Schild vom Wind-Tänzer abgeschnitten, kreieren wir enge fixe Einstellungen, starre Denkprozesse und unflexible Philosophien und Glaubenssysteme, ein sich selbst bestätigendes enges Weltbild.

Dies ist der Platz des Feindes von **Ärger und Zorn.**

•••

Als Filtersysteme gegen zu viel und vielleicht auch teilweise wirklich nicht bewältigbarer Feuer-, Erd-, Wasser- und Wind-Energien halten uns diese Schilde im Bereich des Mensch-Seins, innerhalb einer im Kollektiv der Menschen akzeptierten und damit natürlich auch recht begrenzten „Wirklichkeitserfahrung". Und so wir uns nicht daraus und darüber hinweg entfernen, tragen wir zur Aufrechterhaltung dieser kollektiven Wirklichkeit bei.

Es bleibt natürlich die Frage offen, was uns Menschen alles möglich wäre, könnten wir uns ein wenig raus aus diesem begrenzten Feld bewegen. Schon ein einfacher Feuerlauf über glühende Kohlen zeigt uns, was alles möglich ist und für nicht möglich gehalten wird. Kleinkinder und Betrunkene, die Stürze aus großen Höhen nahezu unverletzt überleben, Menschen, die sich selbst auf rätselhafte Weise von „unheilbaren" Krankheiten heilen, usw.

Unsere „Wahrnehmung", gemeint ist unsere trennende, Objekte abtastende und bestimmende „Wahrnehmung" ist ein Phänomen und eine Kreation unserer Schilde. Somit kreieren diese unglaublich wirkungsvollen Filtersysteme unsere gesamte Wirklichkeitserfahrung unseres 3- und 4-dimensionalen Seins. Erst durch das „Ausbalancieren" der Schilde erreicht man das sogenannte Zentrums-Schild und ist bereit zu transpersonalen Erfahrungen hinein in den Bereich der Tänzer.

DAS ZENTRUMS-SCHILD

ist der energetische Zustand, der erreicht wird, wenn die anderen Schilde in Balance sind. Das bedeutet, dass die Seins-Bereiche – emotionales, mentales, physisches, spirituelles und sexuelles Sein – im Einklang mit den – den Elementen entsprechenden – Energien gelebt werden. – Dies ist der Platz des Huaquas **Harmonie.**

Aus dieser Energie – des „Im-Zentrums-Schild-Seins" – ist es möglich die Tänzerenergien zu erfahren.

Das gleichzeitige Erfahren des Zentrums-Schildes und des Spiegeltänzers wird das Doppel genannt.

Die Qualitäten des balancierten Zentrums-Schildes

siehe auch Kapitel 9.10

Die fünf Huaquas – (Die Gaben & Geschenke des Mensch-Seins)
siehe auch Kapitel 9.11

Die fünf Feinde

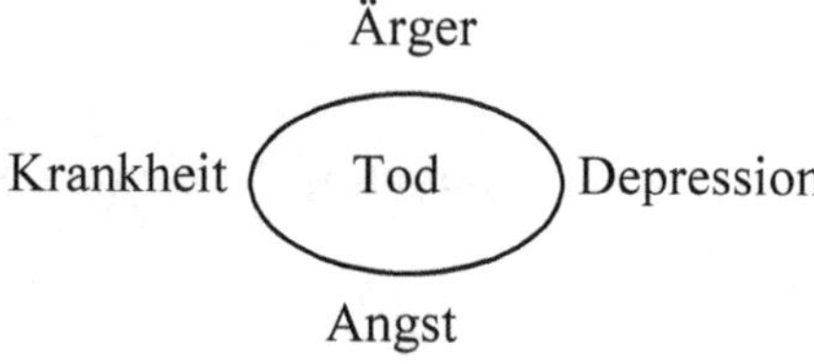

16.
DIE CHAKREN - ALS 2. REGENBOGENBRÜCKE

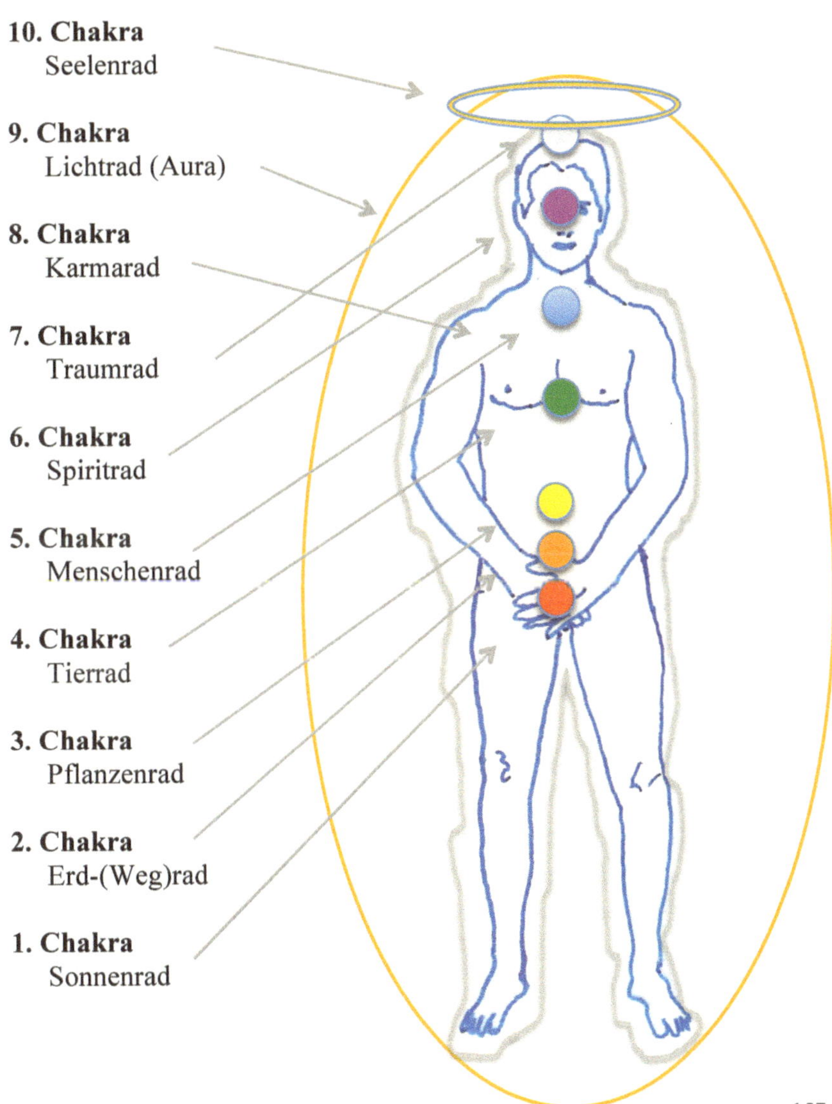

DIE CHAKREN

In der Aura des Menschen befinden sich die verschiedensten Energieverdichtungen, Ballungszentren, die unsere Kommunikation, unsere Interaktion mit der Umwelt bestimmen und beeinflussen.

Am auffallendsten wohl der Körper selbst – durch Wiederholung zyklischer Abläufe verfestigte Energie, der Teil von uns mit der langsamsten Schwingung. Man könnte sagen, dass der Körper die herauskristallisierte Form der energetischen Interaktionen, die in der Aura stattfinden, ist. (Negativ gesehen quasi das Abfallprodukt der Aura – positiv gesehen, das Kunstobjekt unserer Energie- und Bewusstseins-Interaktionen). Daraus geht klar hervor, dass wir für seine Form und Funktionsfähigkeit verantwortlich sind und diese auch ändern können. Diese Auffassung ist sehr wichtig zum Verständnis von Krankheit und Heilung.

Außer dem Körper selbst befinden sich in der Aura die Chakren. Man kann sie sich wie feinstoffliche Stecker und Steckdosen vorstellen, Ein- und Ausgangsstationen unserer energetischen Vernetzung mit allem um uns herum. Sie sind feinstofflicher Natur, schneller schwingend, als unser materialisierter Körper, Energieachsen, die quer durch den Körper gehen, also in gewissem Sinn schon auch im Körper sind, aber auch vor und hinter ihm.

In praktisch allen Denksystemen dieser Welt sind Chakren bekannt, unterschiedlicher Auffassung ist man nur vereinzelt über deren Anzahl und genauer Position.

In den östlichen Denksystemen hat man sieben Chakren. Das entspricht auch der Auffassung des Nagual-Schamanismus, nur darüber hinaus bezeichnen wir den Körper selbst als achtes Chakra, die gesamte Aura als neuntes und so etwas wie ein Höheres Selbst, eine Höhere Möglichkeit als zehntes. – Wir finden dieses zehnte Chakra im Christentum als Heiligenschein – und in östlichen Systemen wird es im Zustand der Erleuchtung aktiviert.

Im nagual-schamanischen Verständnis ist es so, dass unser zehntes Chakra den Zugang zum Spiegeltänzer und damit zu allen höher-dimensionalen Bewusstseinsanteilen ermöglicht. Und von dort über das neunte Chakra (der Aura) unser achtes Chakra (den Körper) "wachträumt" – und somit ganz klar der Körper innerhalb des Bewusstseins und nicht, wie nach unserem langläufigen Verständnis, das Bewusstsein im Körper ist. Das ist, wie schon erwähnt sehr wichtig für die Auffassung von Krankheit und Heilung. Also die Aura ist nicht die Ausdünstung des Körpers, sie wird nicht durch ihn erzeugt, sondern es geschieht umgekehrt: Die Aura erschafft den Körper. Unser energetisches Agieren in der Welt prägt und bildet unseren Körper.

Zu dem Thema Chakren gibt es aus dem vedisch-tantrischen Weisheitsschatz sehr viel Wissen und Praxis und dies ist auch schon längere Zeit im Allgemeinverständnis des Kollektivs angekommen. Ich werde deshalb nicht viel darüber schreiben, da man in vielen guten Büchern und auch im Internet brauchbare Informationen bekommen kann.

Eines ist aber dennoch wichtig hervorgehoben zu werden:

Es gibt im vedisch-tantrischen Verständnis eine „Themen- und Element-Zuordnung“ zu den einzelnen Chakren. Diese ist sehr gut und richtig, nur gibt es daneben (für die ersten drei Chakren) im nagual-schamanischen Verständnis noch eine zweite andere Zuordnung, die besonders brauchbar und gut bei der Diagnose von Unbalancen und Krankheitsbildern anwendbar ist. So werde ich in der folgenden Erklärung vor allem die „tonale“ (die nagual-schamanische) und nur nebenbei die „naguale“ (die vedisch-tantrische) Zuordnung anführen.

Wem das vielleicht verblüfft, dass die östliche Zuordnung „nagual“ und die schamanische „tonal“ bezeichnet wird – eine

Erklärung: In der direkten Anwendung im „täglichen“ Leben und am „physischen“ Körper also im Tonal, ist die schamanische Zuordnung direkter und einleuchtender anwendbar. Die „Regenbogenbrücke“ der Chakren hat sozusagen zwei „Standsäulen“ zwischen denen sie sich aufspannt. Die schamanische Zuordnung und die vedisch-tantrische betonen (bei den ersten vier Chakren) schwerpunktmäßig einfach jeweils eine davon. Und beides ist richtig und wichtig.

Nun zu den Chakren im Einzelnen:

Das erste Chakra – das Sonnenrad –

befindet sich am Beckenboden zwischen Anus und den Genitalien (Wurzelchakra). Es hat mit Freude, Spaß und Ur-Verbundenheit zu tun und bewegt alle Energien rauf zu den anderen Chakren. – Ist dieses Chakra nicht offen und aktiviert, fehlt es uns an **Feuer**, an **Licht**, an **Vision**, **Sinn** im Leben, **Lust und Leidenschaft**, an **Kreativität** und **Expansion**.

Feind: Wir schließen dieses Chakra durch Schuld und sich schuldig fühlen. Schon als Kleinkind werden wir beschuldigt, die Regeln zu verletzen, ohne diese noch zu kennen, spielen mit den Genitalien, usw. – besonders krass in der Katholischen Kirche, nach deren Auffassung wir überhaupt schon mit der Erbsünde geboren werden.

Krankheit: Da ein geschlossenes erstes Chakra unser Feuer nicht weiterleitet, ist das Krankheitsbild eines nicht aktiven ersten Chakras – Entzündungen. Wo diese Entzündungen auftreten gibt den zweiten Hinweis auf die Ursache.

Farbe: rot / **Element**: tonal Feuer – nagual Erde / **Planet**: Merkur (Sonne)

Das zweite Chakra – das Erdrad – auch Weg-Rad –

befindet sich an der oberen Schamhaargrenze, ca. eine Handbreit unter dem Nabel. Es ist verantwortlich für das **Gebären, das Materialisieren,** das **Verwirklichen** und auf die Erde bringen von Ideen und Vorstellungen.

Hier ist der Sitz des **freien Willens** und der **Urlebenskraft** (chi). Das Funktionieren des zweiten Chakras bestimmt, wie wir unseren Weg gehen, wie wir unseren Heiligen Traum verwirklichen.

Feind: Wir schließen dieses Chakra durch Schimpf und Schande. Also durch Sich-Schämen und nicht „richtig" fühlen.

Krankheit: Ist es geschlossen, – verwirklicht, materialisiert sich diese gestaute Energie in Form von anderen physischen Geburten in uns – Steine, Krebse, Geschwüre, usw.

Farbe: orange / **Element**: tonal Erde – nagual Wasser / **Planet**: Venus (Erde)

Das dritte Chakra – das Pflanzenrad –

befindet sich in der Nabelgegend. Wie die Pflanzen in der Erde verwurzelt sind, so waren wir durch den Nabel verwurzelt mit unserer Mutter. Dieses Chakra ist verantwortlich für unseren Umgang mit **Veränderungen**. Und hier sitzt unser Vertrauen und das grundsätzliche einfach Sein, gemäß unserer Essenz. Von hier aus schicken wir unsere Energie-Fasern aus – vertrauensvoll im Fluss oder wir kreieren Verhaftungen und Abhängigkeiten.

Feind: Wir schließen dieses Chakra durch Angst.
(Unterschied zwischen "Kinderangst" und echter berechtigter Angst: Angst, die man im dritten Chakra spürt, ist immer Kinderangst. Sie entsteht durch vervollständigen einer unvollständigen Information durch eigene Fantasie. Einziger Weg raus – das Unbekannte bekannt machen. Bei Kinderangst zieht sich die Aura zusammen, bei echter

Angst weitet sich die Aura aus – wir spüren sie im Nacken – im vierten Auge).

Krankheiten: Schließen wir dieses Chakra stauen wir Wasser und sammeln Fett.

Farbe: gelb / **Element:** tonal Wasser – nagual Feuer / **Planet**: Erde

Ab dem vierten Chakra aufwärts sind die Element- und Qualitätszuordnungen des Tantra und des Nagual-Schamanismus praktisch ident.

Das vierte Chakra – das Tierrad – das Herzchakra –

befindet sich in der Grube unter dem letzten Rippenbogen. Es steuert unser autonomes Nervensystem und unser Respiratorisches System. Es ist das Zentrum des instinktiven Wissens – Herz-, Blutkreislauf – wenn offen **Liebe, Harmonie, Balance, im Einklang sein**. –

Feind: wenn geschlossen – Zorn, Wut, Ärger.

Krankheiten: Herz/Lungen Erkrankungen

Farbe: grün / **Element**: Luft / **Planet**: Mars

Das fünfte Chakra – Menschenrad – Kommunikationschakra –

befindet sich an der Kehle. Es steuert unsere **Kommunikation**. Die Balance zwischen geben und empfangen.

Feind: Staut sich hier die Energie, kommt es zu Stress, Beklemmung und Hysterie

Krankheiten: Hals und Atemwege / Stimme

Farbe: blau / **Zuordnung:** Mensch / **Planet:** der Asteroidengürtel.

Das sechste Chakra – das Ahnen-, Geistrad – das dritte Auge –

befindet sich an der Stirn. Es steuert **alle Arten des Sehens** – tonal und naqual. Es ist verantwortlich für die Wahrnehmung feinstofflicher Energien, – Geist/Spirit-Welt. – **Sinn des Lebens**.

Feind: Falls sich die Energie hier staut, kommt es zu Depressionen.

Krankheiten: Sinnesorgane

Farbe: violett / **Zuordnung**: Ahnen- und Geistwelt / **Planet**: Jupiter

Das siebente Chakra – das Traumrad –

befindet sich oben in der Mitte des Kopfes (Mensur) an der Stelle der Fontanelle, – ist praktisch die Eingangs- und Sammelstelle für die verschiedenen Bewusstseinszustände (Bewusstes, Unbewusstes, Unterbewusstes. Es ist verantwortlich für unseren **Traum**, unsere **Vision**, unseren **"heiligen Traum"**.

Feind: Staut sich hier die Energie, so fehlt uns der Traum – Ergebnis: Neid, Geiz und vor allem Eifersucht. – alle möglichen Krankheiten

Farbe: opalisierendes, irisierendes, Perlmutterweis / **Zuordnung**: Traum / **Planet**: Saturn

Das achte Chakra – das Karmarad – der gesamte Körper –

steuert unser gesamtes Sein unsere Gesamtgesundheit, verantwortlich dafür, was unser Höheres Selbst unserem Niederen Selbst lehren will.

Feind: Besitzgier, Neid, Habgier

Krankheiten: alle physischen Krankheiten und der Tod

Farbe: Körperfarbe / **Zuordnung:** zykl. Abläufe, Karma / **Planet**: Uranus

Das neunte Chakra – das große Lichtrad – die Aura – verantwortlich für die Gesamtenergiebewegung – jede Krankheit ist zuerst in der Aura sichtbar, braucht bis zu neun Monate um in den Körper zu gelangen.

Mit Aura wird im Allgemeinen unsere gesamte feinstoffliche Anatomie bezeichnet und damit sind „in" ihr auch alle die beschriebenen „Bewusstseins-Hüllen, der Montagepunkt, die Schilde, die Tänzer und der Oktogonale Spiegel.

Farbe: an sich schwarz, aber es reflektiert alle Farben des Regenbogens / **Zuordnung:** Entscheidungen, Prioritätensetzung, energetische Ausrichtung, Umgang mit Chaos / **Planet:** Neptun

Das zehnte Chakra – das Seelenrad – der Heiligenschein – Die Station aller möglichen Bewusstseinszustände: Bewusstes, Unbewusstes, Unterbewusstes, sowie das – sich seiner Selbst Bewusste, – das Selbst-reflektierende Bewusstsein. Die Brücke zu den kollektiven Bewusstseins- und Unbewusstseins Feldern – der Seele der Menschen. Das zehnte Chakra als Zugang zu unserem Höheren Selbst, unserer Spirit-Persönlichkeit.

Farbe: alle Farben des Spektrums / **Zuordnung:** alle Bewusstseinszustände / **Planet:** Pluto

17.
DER MONTAGEPUNKT

Die bisher vorgestellten feinstofflichen Energieverdichtungen in der Aura des Menschen sind zum Großteil auch aus anderen spirituellen Traditionen, vor allem des Ostens, in ähnlicher Form bekannt, im Speziellen die Aura und ihre Schichten und die Chakren.

Das Wissen um den Montagepunkt hingegen ist, soviel mir bekannt ist, ein sehr exklusives Geheimwissen der toltekischen Tradition, das bis vor Kurzem nur mündlich von Lehrer zu Schülern weitergegeben wurde, – und ist eines der wichtigsten und komplexesten Erkenntnisse im spirituellen Bereich, mit dem diese Tradition das Wissen und Erkenntnis-Streben der Menschen in einem sehr großen Maße bereichert.

Wenn wir vom Montagepunkt sprechen, meinen wir zumeist den sogenannten „Stationären-Montagepunkt“. Es gibt aber noch zwei andere Montagepunkte, nämlich den „Großen-Licht-Montagepunkt“ und den „Beweglichen Montage-Punkt“.

Alle diese drei Energie-Bewusstseins-Spiegel befinden sich im Augenblick der Geburt im Nabel (dem 3. Chakra) des Neugeborenen.

Der Große Licht Punkt bleibt für die Dauer des gesamten Lebens im Nabel – die beiden anderen beginnen sich sofort zu bewegen.

Der Große Licht Punkt ist so etwas wie das Innere Licht, das innere (weibliche) Feuer, das uns durch die „Seelen-Schnur“ zurückverbindet zum Großen Alles und zu Spirit. Diese Seelenschnur verbindet uns mit unseren höheren Tänzer-Energien, unserem unsterblichen Teil.

Der Bewegliche-Montagepunkt bewegt sich durch das gesamte Meridian-Energiefeld des Körpers, ist verantwortlich für unseren „Bio-Rhythmus“ und kreiert die Zyklen unserer Energie-Hochs und -Tiefs. Er braucht für einen Umlauf ungefähr 24 Stunden. In einem sehr gepanzerten Körper kann er auch länger brauchen und das erzeugt eine ständige Reibung im Leben und das Gefühl „aus dem Takt“ zu sein. In einem entpanzerten Körper ist dieser Energiepunkt reibungslos unterwegs und das wirkt sich so aus, dass der betroffene Mensch ein Plus an Energie zur Verfügung hat. Es kann sein, dass er weniger essen muss oder weniger schläft. Die Dauer und Aktivierungsqualität eines Umlaufs hängt also vom allgemeinen Energie- und Entwicklungs-Niveau eines Menschen ab – seinem Chi oder Ki. Der Bewegliche Montagepunkt ist damit so etwas wie ein aktives, aktivierendes (männliches) Feuer in unserem Energiefeld.

Der (Stationäre-) Montagepunkt – der A-Punkt

Der A-Punkt – (von **A**ssemblage **P**oint) – beginnt sofort nach der Geburt, vom Nabel weg die Chakren-Linie hochzuwandern, bis zu seinem vorbestimmten Anfangsplatz. Bei den meisten Menschen ist dies der Punkt 1, der Punkt der Verwirrung (siehe Abbildung auf der nächsten Seite).

Die Position und die Leuchtkraft des Montagepunktes bestimmen, wie wir die „Realität“ wahrnehmen, wie wir sie zusammensetzen, „montieren“.

Mit wachsendem Energie-Niveau und mit entsprechender spiritueller Entwicklung beginnt der A-Punkt seine Reise zurück in Richtung Nabel, wobei es für jede Station durchaus einige Jahre brauchen kann, – wenn man sehr schnell ist ca. drei Jahre.

Es ist höchst anstrebenswert, den A-Punkt möglichst rasch zumindest in die Mittellinie, also mindestens zu Punkt 4 zu bekommen, da man erst ab da eine un-verzerrte „Wirklichkeit“ zusammensetzen kann – und mit jeder Station näher beim Nabel – auch einen größeren Ausschnitt davon.

Wird eine neue Position Richtung Nabel für längere Zeit gehalten (länger als ein Jahr), dann ist das der neue „Heimat-Punkt“. Bleibt er das für drei Jahre, bewegt er sich auch kaum mehr zurück.

Diese Bewegung des A-Punktes von 1 bis 11 wird „die Rote Straße“ oder die „Menschen-Straße“ genannt.

Die Menschenstraße – die rote Straße

1 Punkt der Verwirrung
2 Punkt der Vernunft
3 Andere Welten/Vertrauen

1 2 3 4 Keine Sorge
5 Neutralität / Nicht Tun
6 Ohne Mitleid
7 Kontrolliertes Träumen
8 Kein Zurück
9 Freiheit des Kriegers
10 Stilles Wissen
11 Feuer von Innen

Die 11 Stationen der Menschenstraße

1. Verwirrung – point of confusion

Dies ist für die Mehrheit der Menschen der Ausgangspunkt. Man steckt in der erklärten Welt – und fest in einer gepanzerten, unentwickelten Persönlichkeit. Das Erleben der „Wirklichkeit" wechselt zwischen einem bedürftigen Kind-Sein und einem nicht-selbstverantwortlichen Erwachsenen. Großer Energie-Aufwand und -Verlust. – Eine enge tonale Realität – wenig Glücksgefühle.

2. Vernunft – point of reason

Man sitzt fest in seiner selbst erzeugten Illusion und ist überzeugt von der Absolutheit seiner Wahrnehmung. Man hat tiefes Verlangen nach strukturierter Ordnung und Stabilität in einer übersichtlichen bequemen Realität. Man will unbedingt dazu gehören und reinpassen. Der Platz vieler religiöser Gemeinschaften, workshop-junkies. Festes Glaubenssystem, starke Überzeugungen und Dogmen. – Es kann sein, dass man die Welt retten will – und natürlich auch genau weiß wie. An diesem Ort ist man unbelehrbar – wahr und wichtig ist nur, woran man selbst glaubt, und das ist „vernünftig", alles andere nicht. Der Platz ist nicht leicht zu verlassen, denn das Paradoxe der Situation besteht darin, dass wenn man weitergeht, die Vernunft nicht mehr funktioniert, wenn man aber bleibt, verliert man Energie.

3. Andere Welten / Vertrauen – point of other worlds / trust

Man beginnt infrage zu stellen, Anderes für möglich zu halten – man lässt andere Sichtweisen neben der eigenen bestehen. Man erkennt, dass es auch andere Standpunkte und „Wirklichkeiten" geben könnte. Ein Abstellen des Inneren Dialoges wird möglich – Ein Öffnen für Andere Welten, wie Tierverbündete, Zeremonielle Erfahrungen und erweiterte Wahrnehmung. Arbeit am Schatten ist möglich. Es braucht Vertrauen den Punkt 2 der Vernunft zu verlassen.

4. Ohne Sorge – point of no concern

Man ist aus der Verzerrung in die Zentrumslinie gekommen. Alles geschieht viel einfacher, man weiß, ohne zu wissen warum – gespaltene, mehrfache Aufmerksamkeit ist möglich – man sieht hinter die Dualitäten und Paradoxe. Auffallend ist die Abwesenheit von Angst – und gutes Timing – kontrollierte Torheit. Man „sorgt sich nicht mehr so sehr“, wie man von anderen wahrgenommen wird und macht seine Entscheidungen und Taten nicht mehr davon abhängig. Die Nagual-Fähigkeiten werden zugänglich.

5. Neutrale Wahrnehmung und Haltung / Nicht-Tun

– point of not caring / not doing

Man gelangt immer öfter als nicht zu objektiver unverzerrter Klarheit – erweiterte Wahrnehmung – man arbeitet mit der natürlichen Lebensenergie – Chi – guter Platz für Kampfsportarten – Dinge gelingen ohne Mühe. Man agiert innerhalb des Gesetzes von minimalem Aufwand für maximalen Ertrag. Man gewinnt Energie, indem man sich nicht um Dinge kümmert, die nicht wichtig sind – bzw. eben im Moment nicht wichtig sind.

6. Ohne Mitleid – point of no pity

Keine Selbstwichtigkeit, kein Selbstmitleid – Maskenlosigkeit ist möglich und normal – man kann sein wahres Wesen leben – und die Welt anhalten – man versteht mit dem Herz – (der Punkt ist am Platz des Herzchakra) – Man nimmt das Leben nicht mehr persönlich – „bedingungslose Liebe“ wird möglich – auch gute Traumarbeit ist möglich.

7. Kontrolliertes Träumen – point of controlled dreaming

Steuerungsfähigkeit über den Traum – bei Nacht und bei Tag. – Verwirklichung des persönlichen Traumes – ein guter Platz für erfolgreiche Arbeit am Tonalen – der Punkt, an dem man "Wirklichkeit" erschaffen kann.

8. Ohne Umkehr – point of no return

Man ist fähig Raum und Zeit zu transzendieren – man hat eventuell Kontakt zu seinen anderen Spirit-Persönlichkeiten – man kann Fähigkeiten „zurückbringen“ – man lebt im Doppel – Man entwickelt das „Leuchten“ – man ist, was man allgemein als erleuchtet bezeichnet – der Weg zurück zu einem „normalen“ Leben ist nicht mehr möglich.

9. Freiheit des Kriegers – point of warriors freedom

Man ist jenseits und außerhalb von Muster und Form – total frei und formlos.

10. Stilles Wissen – point of silent knowledge

Während man immer noch in diesem Körper ist – kann man sich an andere Leben „erinnern“.

11. Das Feuer von Innen – the fire from within

Man ist ein erleuchteter Meister. Der A-Punkt ist mit dem Großen Licht Punkt im 3. Chakra zusammengekommen. Die eigene Wahrnehmung der Realität und die des Großen Geistes sind eins.

Neben dieser Menschenstraße gibt es noch zwei weitere „Straßen“ auf denen der Montage-Punkt sich bewegen kann:

Die „Pflanzen-Straße“ (die gelbe) und
die „Tier-Straße“ (die blaue).

Die Pflanzenstraße – die gelbe Straße

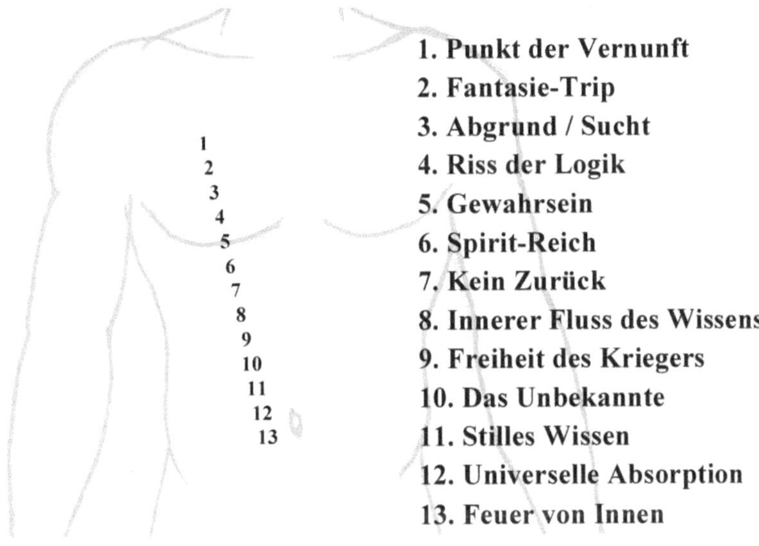

Die Pflanzen-Straße wäre prinzipiell auch eine Möglichkeit den Montage-Punkt bis in den Nabel zu bewegen – doch in der Praxis ist dies eine sehr schwierige, ohne der Führung eines Meisters auf dem Gebiet, nicht zu bewältigende Aufgabe. Insbesondere, da man für geraume Zeitspannen nicht selbständig für sich sorgen könnte. Es ist die Straße der „Teacher-Plants“, der halluzinogenen Lehrer-Pflanzen.

Man kann auch durch übermäßigen, unkontrollierten Drogengenuss auf diese Straße geraten, wird aber nicht sehr weit kommen und irgendwo „hängenbleiben“. Auf dieser Pflanzen-Straße gibt es 13 Montage-Punkt-Stationen (siehe Grafik), auf die ich jetzt aber nicht näher eingehe.

Die Tierstraße – die blaue Straße

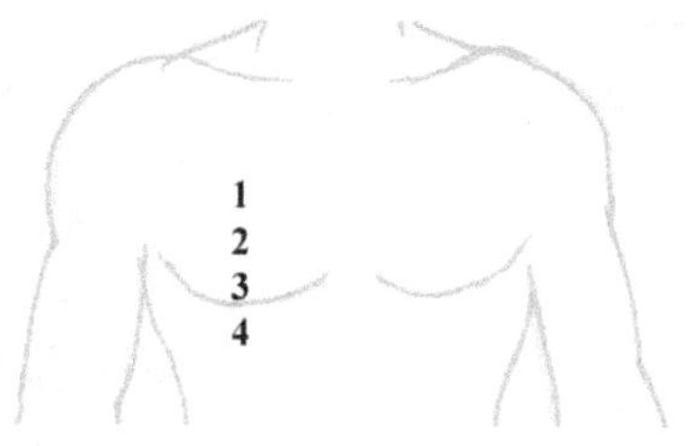

bedürftig
verletzt
verlassen
verloren

Zu dieser **Tier-Straßen-Bewegung** des A-Punktes gelangt man durch Schockerlebnisse, extreme Angstzustände und Psychosen und Neurosen. Wie auf der Darstellung auf der vorigen Seite gut ersichtlich, bringt einen diese Straße recht schnell in eine grobe Verzerrung der Wirklichkeit.

Auf der Tier-Straße gibt es 4 Stationen:

1. bedürftig – needy – man ist stets etwas brauchend, leicht neurotisch und in emotionalen Abhängigkeiten.
2. verletzt – wounded – man fühlt stets als Opfer und ungerecht behandelt.
3. verlassen – abandoned – man fühlt sich verlassen, wird zum Außenseiter mit asozialem Verhalten und funktioniert kaum mehr in der Gesellschaft.
4. verloren – lost – schizophren oder voll psychopatisch bis katatonisch.

18.
DER OKTOGONALE – HOLOGRAPHISCHE SPIEGEL

Es gab in der Zeit meiner Ausbildung immer wieder einmal Themenbereiche, die von meinem Lehrer Tehaeste nur kurz erwähnt wurden, ohne dass darauf richtig eingegangen wurde oder es nähere Erklärungen gab; beziehungsweise, wenn es Erklärungen gab, dann waren diese rudimentär und eher unbefriedigend. Eines dieser Themen war der sogenannte **„octagonal mirror“** – wohl eine Art Energiezentrum im oberen Brustbereich, dessen Funktion und Wirkweise aber nicht ganz klar war. Es gab Hinweise, dass er etwas mit unseren „Nagual-Fähigkeiten“ zu tun hätte, aber sein Zusammenwirken mit dem Montagepunkt, den Chakren, den Tänzer-Energien oder Aura-Schalen oder unserem alltäglichen Leben blieb unklar.
So beschlossen Barbara, Robert, Loon und ich an einem unserer Treffen im Sommer 2015 mit diesem Thema gemeinsam beabsichtigend zu Träumen. Es sollte eine denkwürdige, höchst erstaunliche Erfahrung werden.

Absicht:

Wir erkennen, wissen und erfahren die Funktion des „octagonal mirror“.

Es wurde eine Erfahrung, die mich weit aus den mir bislang vertrauten menschlichen Wahrnehmungs- und Daseins-Bereichen schleuderte. Wenn ich (im Resümee) schreibe: „völlig veränderte Wahrnehmung“, so ist das eine unzutreffende Untertreibung. Es ist auch gar nicht einfach darüber zu schreiben. Die Erfahrung:

Das Innen und das Außen wird zugleich erlebt, bleibt aber doch gleichzeitig getrennt. Das Gleiche geschieht mit Licht und Dunkel, zugleich präsent, doch es vermischt sich nicht. Licht und Dunkel zugleich ineinander verdreht, verwoben. Das Licht „bleibt bei sich“, es beleuchtet oder erhellt nichts. Überall, wohin ich fokussiere, mich wende, bleibt die gleiche Erfahrung. „Ich nehme sie mit“, sie ist meine. Alles, aber wirklich Alles ist „gleichzeitig“ und „gleichräumlich“. Ich bin im „Sein“ und zugleich nehme ich das „Sein“ wahr. Z.B. bin „Ich“ in einer dunklen Röhre und zugleich außerhalb im Licht und dann ist das Licht in der Röhre und es ist außen dunkel – und „ich“ bin das Licht, dann das Dunkel, auch die Röhre und das Außen. Wie eine vieldimensionale Spiegelung, wobei ich zugleich vor – und hinter – und der Spiegel selbst bin. Und immer wieder zieht mich das beeindruckende Phänomen des Lichts an. Es ist ein Licht, das zugleich „wegstrahlt“ und doch nichts erhellt und „dort“, „bei sich“ bleibt.

Ich bemerke, dass die gleichzeitige, gleichräumige Wahrnehmung, die ich eben visuell beschrieben habe, auch auditiv präsent ist. Alles Gehörte ist Klang, nicht Wort oder transportierter Sinn bloß Klang – und diesem Klang nachlauschen nimmt mich mit – ich weiß nicht wohin. Es ist kaum aushaltbar, ein Gefühl zerrissen zu werden – zwischen Außen und Innen. Dann kommt da noch ein Aspekt dazu – ich bin winzig Photonen-klein und zugleich riesig Universum-groß. Und dann bemerke ich, dass ich aufgehört habe zu atmen. – Ich schnaufe bewusst ein – und mit mir höre ich auch andere tief Luft holen. Irgendwie hat das autonome, unbewusste Atem- und Herzschlag-Regulieren seine Selbstverständlichkeit verloren. Ich muss mithelfen, dass es funktioniert. Das Atmen wird zunehmend schwieriger und manchmal vergesse ich drauf. Auch mein Herzschlag drängt sich ins Gewahrsein und kommt mir recht unrhythmisch und „holprig“ vor. Es ist wie „im System drinnen“ sein. Ich fühle mich zunehmend unwohl und nicht kompetent, meine Körperfunktionen zu steuern, es ist, wie wenn ich ins Betriebssystem geraten wäre – und wie auch bei meinem Computer habe ich keine Ahnung, was ich dort verloren habe. Ich weiß allerdings nicht, ob mein zunehmendes Unwohlsein bloß wegen des Ungewöhnlichen der Situation ist, oder ob es echt bedrohlich hätte werden können.

Ich spreche eine zweite Absicht:

Wir erkennen, wissen und erfahren, wie wir den Oktogonalen Spiegel anwenden können.

Das Sprechen der Absicht fällt mir unheimlich schwer. Die Worte geben keinen Sinn und während ich sie spreche, höre ich sie wie irgendwelche Geräusche, die von irgendwo herkommen. Es geschieht weiter nichts, keine Veränderung der Situation.

Da lässt sich nichts „anwenden" – Es ist ein „Ist-Zustand".

Ich spreche noch eine weitere Absicht:

Wir erfahren, was das bewusste Erkennen, Wissen und Erfahren des Oktogonalen Spiegels uns „ermöglicht".

Es ist klar, ermöglicht wird unter anderem die „vorsymbolisierte, „vorgestaltliche" Wahrnehmung. Der physische Zustand wird für einige von uns nahezu unerträglich und wir beenden das GeBeT.

Der äußerst ungewöhnliche Seins-Zustand bleibt aber bestehen und für eine geraume Zeit bleiben wir einfach so liegen – bis wir allmählich das Gefühl bekommen, da vielleicht gar nicht mehr raus zu kommen. Wie abgemacht springen wir alle hoch und bewegen uns mit grotesken kleinen raschen Trippelschritten, uns schüttelnd durch den dunklen Raum. Langsam setzt sich in mir alles wieder zu meinem gewohnten Ich zusammen.

Resümee:

Eine völlig veränderte Wahrnehmung – Innen und Außen wird zugleich erlebt bleibt aber getrennt, genauso ist es mit Licht und Dunkel, es vermischt sich nicht. Alles ist „gleichzeitig" und „gleichräumlich".

Das erfahrene Bild war der Spiegel, bei dem es vor dem Spiegel einen Raum und „hinter" dem Spiegel einen (imaginären) Raum gibt, in den man aber nicht (physisch) eintreten kann. Es gibt ein Innen und ein Außen, ein Licht und Dunkel – doch war nicht klar, ob in mir innen oder außen ist und ob das Außen außen oder innen ist.

So wie die Chakren „Energiekanäle“, „Energie-Spiegel“ sind, so ist der 8-eckige Spiegel wohl ein „Bewusstseinskanal“, ein **„Bewusstseins-Spiegel“.** Die Resonanzstation ist das „feinstoffliche“, oder „unstoffliche“ Herz.

So ist der oktogonale Spiegel also ein „holographischer Spiegel“, kein physischer und kein energetischer, es ist ein „Bewusstseins“-Spiegel. Noch einmal eine „Spiegelung“ fein-un-stofflicher als die Chakren-Energien. Er ist wie der Kristall, der das Licht in die regenbogenfarbigen Lichter spaltet – ein Bewusstseins-Kanal durch den die höheren Bewusstseins-Hüllen, Kausal- und Spiritueller-Körper erfahrbar sind. Voraussetzung ist allerdings der Zustand des Doppels, das bewusste Erfahren einer möglichst un-verzerrten klaren Spiegelung von Schilden und Tänzern.

Der 8-eckige Spiegel ermöglicht die bewusste Erfahrung des Eins-Seins mit dem Universum – indem, wie bei einem Hologramm in jedem, auch im kleinsten Bild das Ganze enthalten ist. So ist es möglich, dass ich, so wie auch jeder andere, das Ganze, das gesamte Universum bin. Dies wird durch die „Holographische Spiegelung durch den 8-eckigen Spiegel“ möglich und erfahrbar.

In gewisser Weise ist dieser Holographische Spiegel das Herz des Spirituellen Körpers, es ist ein spirituelles Bewusstseins-Herz. So haben wir also drei Herzen. Das physische, das uns durchs Leben pumpt und den stärksten elektromagnetischen Impuls des Lebens gibt, das energetische Herz des Herzchakras und das spirituelle Herz, den holographischen Spiegel.

Ich ahne, dass bei der starken Betonung der Notwendigkeit der „Herz-Öffnung“ bei der tantrischen Bewegung in tiefster Wahrheit und letzter Konsequenz dieses spirituelle Herz gemeint ist, und gar nicht so sehr die üblich verstandene Liebe- und Mitgefühl-Ebene, sondern eben das Ganze, das ganze große Ganze – das ***tat twam asi***. – das bist du. Siehe auch Teil 1; Kapitel 4.1. oder auch Kapiteln 7.1 und 7.2, ...)

Da wir natürlich kein „Bild" des Spiegels gesehen, sondern ihn als Erfahrung erlebt haben, ist jede graphische Darstellung des „Oktogonalen Spiegels" bloß eine mögliche Erklärung warum er „8-eckig", bzw. „8-flächig"heißt. Die beiden 4er Realitäts-Ebenen der Schilde und der Element-Tänzer verbunden und gespiegelt durch das Doppel.

Eine solche mögliche bildliche Übersetzung wäre vielleicht die Darstellung als Spinnennetz mit 8 Ecken gebaut von der 8-beinigen Spinne als Symbol des netzartigen Verbunden-Seins des Alles mit Allem.

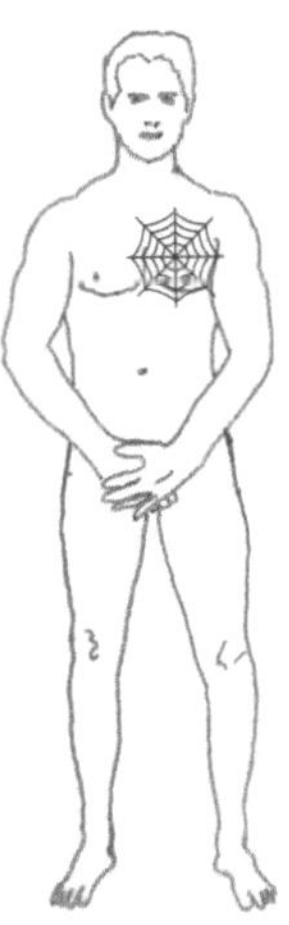

Eine andere Darstellungsmöglichkeit wäre die Überlagerung und Spiegelung der Erfahrungsebenen der Schilde und Tänzer im Zustand des Doppels.

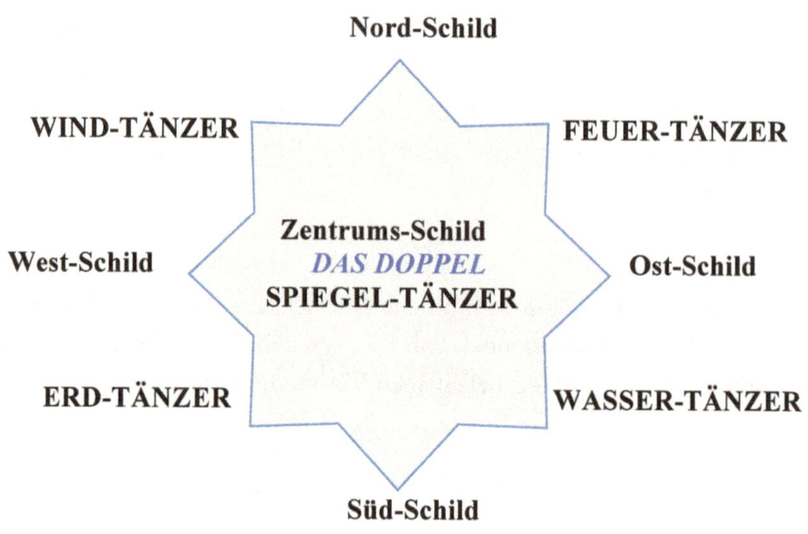

Hier noch die Darstellung eines „gesehen/geträumten/erfahrenen" **Bewusstseins/Energie/Körper des Doppels**. Also das leuchtende Kokon als Doppel. (Natürlich nicht so klar begrenzt und statisch, sondern vibrierend, pulsierend lebendig.)

Gut zu sehen sind **die 4 „Kompartiments"**, die Abschnitte, die den Elementtänzern zugeordnet sind und entsprechend ihrer „Zugängigkeit" aktiviert (leuchtend sichtbar) sind. Und um die Mitte versammelt die Spiegelung des Zentrumsschildes und des Spiegeltänzers.

Das „Leuchtende Kokon" als Doppel

DAS MENSCHLICHE BEWUSSTSEIN

19.
DIE EVOLUTION DES BEWUSSTSEINS

Ein Überblick –
Rückblick, Einblick und Ausblick

In diesem Kapitel will ich die kollektive und die individuelle Entwicklung des Menschen bis heute beleuchten und ein wenig spekulieren, wie es von hier weitergehen könnte.

Dabei ließ ich mich bewusst von Ken Wilber´s sehr guten Ausführungen in seinen Werken „Eros, Kosmos, Logos“, „Eine kurze Geschichte des Kosmos“, „Wege zum Selbst“ und „Das Spektrum des Bewusstseins“ inspirieren. Weitere Quellen waren C. W. Graves´ „Levels of Existence Theory“ und „Spiral Dynamics“ von D. Beck und C. Cowan.

Insbesondere bei den Ausführungen der trans-personalen Bewusstseinsebenen fließen mein Wissen über – und meine persönlichen Erfahrungen mit – den nagual-schamanischen „Tänzer-Energien“ mit ein.

Wohin also geht die Reise der Menschheit?

ist es	**EIN ZUG DER LEMMINGE ?**
	oder
geht es	**HIN ZUR ERLEUCHTUNG ?**

19.1 DIE EVOLUTION DES KOLLEKTIVEN BEWUSSTSEINS

als Entwicklung der Weltsichten

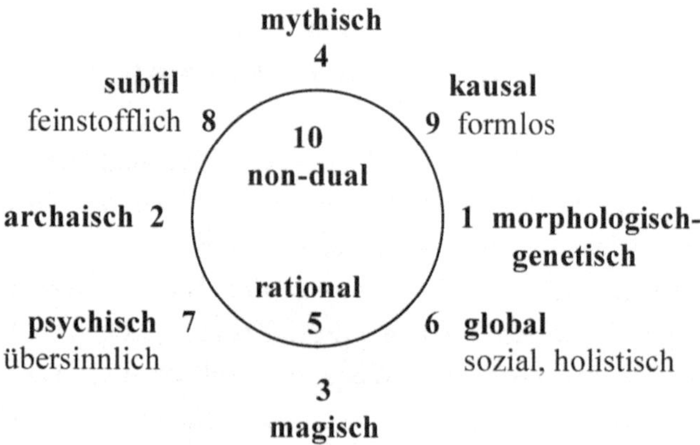

Die geschichtliche, evolutionäre Entwicklung des menschlichen Bewusstseins ging natürlich Hand in Hand mit einer Evolution der Weltsichten – also der Art, wie Menschen über das Leben und den Sinn des Lebens dachten, und was ihnen wichtig erschien. Dies wiederum hatte natürlich wesentlichen Einfluss auf die kulturelle, soziale und wirtschaftliche Entwicklung. Denn wie schon in Teil 1 Kapitel 4.1 erschlossen, bedingen einander der Grad der Bewusstseinsentwicklung und die von diesem Bewusstsein erfahrene und (mit)kreierte Wirklichkeit.

Zu welchem Zeitpunkt man den Beginn **der Menschheit** annimmt, darüber gibt es natürlich sehr viele verschiedene Ansätze.

Da gibt es die der Darwin'schen Evolutionstheorie, laut der sich der Mensch aus einer Nebenlinie der Hominiden, also vom Affen aus weiter entwickelt hat. Daneben gibt es alle möglichen anderen Theorien, von inter-galaktischen Bewusstseins-Invasionen in mehreren Wellen, (Mu, Atlantis, Lemuria, ...), bis zu den fundamental-christlichen Kreationisten, die sich an den Wortlaut der Bibel klammern.

Der „Mainstream“, die heute gängige wissenschaftliche Meinung ist jedenfalls, dass **vor ca. 5 Millionen Jahren** die ersten Hominiden von den Bäumen herab kletterten und begannen auf zwei Beinen zu gehen. Und dass **vor ca. 30.000 vielleicht auch 50.000 Jahren** der erste Homo-Sapiens in Europa auftauchte und nach einer kurzen gemeinsamen Zeit den Neandertaler vertrieb bzw. sich mit ihm vermischte. (Neueste DNA-Untersuchungen eines Neandertalerknochens, den man in einer Höhle in der schwäbischen Alb fand und auf 124.000 Jahre Alter datierte, korrigieren diese Zahlen allerdings beträchtlich und deuten darauf hin, dass sich vielleicht schon **vor 220.000 bis 470.000 Jahren** Urmenschen aus Afrika kommend mit Neandertalern mischten).

Jedenfalls begannen diese Menschen das Feuer zu zähmen und waren Nomaden oder lebten in Höhlen in Kleinfamilien und kleinen Gruppen zusammen.

Diese Bewusstseinsstufe nennt man **archaisch** – und das Leben drehte sich um das Befriedigen der Grundbedürfnisse: Überleben, Wasser, Nahrung, Wärme, Sex und Sicherheit. Man fühlte sich verbunden mit der Natur und allen anderen Wesen.

Als der Mensch schließlich **vor ca. 12.000 Jahren** lernt Pflanzen zu züchten, kann er sesshaft werden, es entsteht eine Garten- und Ackerbaukultur und man kann so mehr Menschen ernähren und es kommt zu einer raschen Vermehrung. Man lebt in Großfamilien, in Clans und Stämmen zusammen.

Die Weltsicht und die Bewusstseinsebene nennt man **magisch**, auch magisch-animistisch, da das Denken geprägt ist vom Glauben an gute und böse Geister. Rituale sind besonders wichtig und man empfindet die gesamte Natur als belebt und in gegenseitiger Beziehung. Man schwankt zwischen Eingebunden-sein, Größenwahn und Opferwahn. Die Wolken bewegen sich nur am Himmel, weil man das so will – bzw. – wenn ein Käuzchen schreit, dann stirbt jemand.

Mit der Zeit lernt man auch Tiere zu domestizieren, es entsteht die Vieh- und Feldwirtschaft und **vor ca. 4000 Jahren** entwickelt sich ein Streben nach Macht und Ruhm. Das Selbst, das Ego wird als eigenständig vom Stamm und bedeutungsvoller erachtet. Man(n) wird ego-zentrisch, heroisch. Man(n) erobert und beherrscht. Man nennt diese Bewusstseinsstufe **mythisch** – man ist fasziniert von den großen Geschichten und von Macht. Es ist die Welt der großen feudalen Reiche, der Perser, der Griechen, der Römer, usw. Es ist die Zeit der epischen Helden, Alexander der Große, Odysseus bis Attila der Hunnenkönig, ... Spätestens hier beginnt auch der Übergang und Wechsel vom Matriarchat zum Patriarchat. Eine der ganz großen bedeutenden schicksalsschweren Entscheidungen und Gabelungen der Evolution. ....

Vor ca. 2000 Jahren mit dem Aufstieg des Christentums werden allmählich die heroischen Götter und gottgleichen Helden und Herrscher durch den einen eifersüchtigen, moralischen, anspruchsvollen Gott ersetzt. Christus, Jehowa, Allah.

Eine sehr distanzierte Beziehung zur Natur und Umwelt beginnt. Die alten Natur-Götter, Fruchtbarkeits-Göttinnen, Ahnen- und Tier-Geist-Götter haben dem ehrwürdigen männlichen Gott Platz machen müssen, und der befiehlt den Menschen, fruchtbar zu sein, sich zu vermehren und sich die Welt untertan zu machen. Regeln und Normen werden wichtig, alles wird einer allmächtigen (selbst)gerechten Ordnung unterworfen. Diese Bewusstseinsstufe nennt man **rational.** Recht und Prinzipien. Es ist die Zeit rigider Hierarchien und fundamentalistischer Glaubensvorstellungen.

Vielleicht sollte man aber auch erwähnen, dass zur etwa gleichen Zeit im „Osten“ ein Hinduismus, Buddhismus und Taoismus entstehen.

Hier im „Westen“ entwickelt sich dieses rationale Bewusstsein **im ca. 16., 17.Jh.** zu einem **rational-wissenschaftlichen** Bewusstsein, es entsteht ein mechanistisches, materialistisches Weltbild. Das Universum funktioniert wie eine Maschine. Die Wissenschaft beherrscht das gesamte menschliche Geschehen. Wichtige Werte sind Geld, Leistung, Erfolg, Fortschritt, Konsum. Es entsteht das Industrie-Zeitalter. Die Zeit des Kolonialismus, Kapitalismus, Marktwirtschaft.

Im 20. Jh. entwickelt sich das Bewusstsein der Menschen, leider bei weitem nicht aller Menschen, weiter und es entsteht das **soziale** Bewusstsein. Die Menschheit als Gemeinschaft, gerechte Verteilung der Ressourcen. Man arbeitet teamorientiert – ökologisch sensibel. Wichtig sind: Dialog, Beziehung, Wertegemeinschaften – frei gewählte Zugehörigkeiten, aufgrund gemeinsamer Einstellungen. Antihierarchische Werte, Vielfalt, multikulturell. – man findet dieses Bewusstsein bei manchen Grün-Parteien, bei Menschenrechtsbewegungen, bei den „non-governmental“-Organisationen, wie Greenpeace, Amnesty International und anderen.

Wir sind im Kommunikationszeitalter angekommen.

Wie geht es weiter?

Jetzt im 21. Jh. scheint Wissen und Kompetenz den Vorrang vor Macht und Status erlangt zu haben. Ganzheitliche, **globale** und **systemische** und lösungsorientierte Denkweisen werden zur Lösung von Problemen eingesetzt. Wir sind im Informationszeitalter – Es entsteht eine Globale Wirtschaft und paradoxerweise gleichzeitig all die vielen "Ich-AG"s.

Man bildet Netzwerke, Experten tun sich für ein gemeinsames Projekt aufgrund ihrer Kompetenzen zusammen und trennen sich wieder.

Wie es von da weiter geht, ist im Kollektiv noch nicht wirklich erkennbar, aber wir werden eine Ahnung davon bekommen, wenn wir uns im Anschluss die individuelle Entwicklung, – die Bewusstseins-Evolution des Einzelnen – ansehen werden.

19.2 DIE EVOLUTION DES INDIVIDUELLEN BEWUSSTSEINS

als Erwachen des SELBST

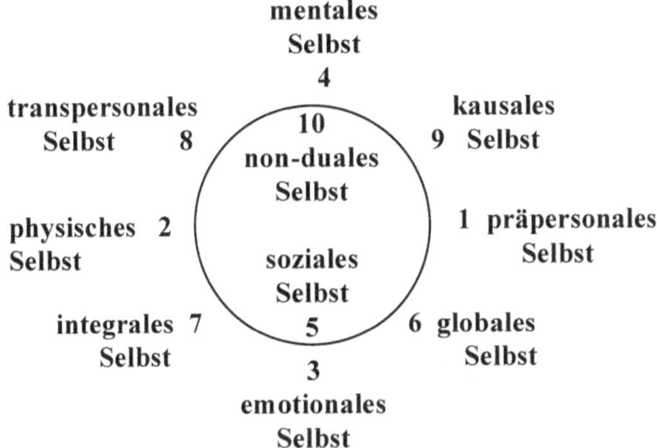

Für jeden einzelnen von uns ist die Evolution des Bewusstseins eine spirituelle Reise vom unbewussten All-Eins-Sein als Fötus im Mutterleib – bis hin (so er das Ziel des Weges erreicht) zum bewussten All-Eins-Sein des reifen Angekommenen, Weisen, Erleuchteten, wenn man das so nennen will. – Und natürlich gibt's da noch all die verrückten, manchmal schmerzhaften und manchmal lustvollen Zwischenschritte._Wir erfahren uns auf dieser Entwicklungsreise, als **körperliches** Wesen, hautverkapselt und getrennt von allem anderen in der Welt, als fühlendes, empfindendes, **emotionales** Wesen, als planender, Sinn und Werte suchender, sprachbegabter, **denkender** Mensch.

Wahrscheinlich erleben sich die meisten von uns auch als **soziale** Wesen, mit der Fähigkeit, sich in andere hineinzuversetzen. Und manchen gelingt früher oder später auch die Entwicklung hin und hinein in **trans-personale Bewusstseins-Stufen**.

Es ist ein langer Entwicklungs-Weg der Bewusstwerdung als oder zum Mensch. Und am Anfang befinden wir uns in einem als paradiesisch oder ozeanisch beschriebenen All-Eins-Zustand, in dem wir uns noch nicht als ein von anderen oder der Welt getrenntes Wesen erkennen. Doch sollte man diese erste Phase des Mensch-Seins, diesen vorgeburtlichen und noch eine Weile nach der Geburt anhaltenden unbewussten All-Eins-Sein-Zustand nicht mit dem Endziel des Mensch-Seins, einem bewussten Erfahrens des All-Eins-Sein verwechseln oder gleichsetzen. Dies hieße, prä- und trans-personal nicht zu unterscheiden.

Der unbewusste ozeanische Zustand:

1. – Das prä-personale Selbst ist erst der Anfang eines lan- gen Weges der Bewusstwerdung, der von einem ego-zentrischen über ein ethno-zentrisches und ein global-ganzheitliches Bewusstsein hin zu den ego-transzendierenden Bewusstseinsstufen und schließlich der Erfahrung des bewussten All-Eins-Seins führt.

Unsere individuelle Entwicklung des Bewusstseins beginnt erst so richtig mit der Geburt des

2. – physischen Selbst, – das physische Bewusstsein

Erstaunlicherweise entsteht dieses physische Bewusstsein, ein Selbst zu sein, nicht gleichzeitig mit der körperlichen Geburt. Am Anfang empfinden wir uns noch nicht als physisch getrennt von Mutter, der Decke, dem Schnuller. Es geschieht erst nach einigen Monaten, dass wir uns als eigenes körperlich getrenntes Wesen erfahren. Und doch ist es noch so, dass wenn wir Hunger haben, die ganze Welt hungert. Gefühlsmäßig sind die Welt und wir Eines. Wir glauben, was wir fühlen, fühlt die ganze Welt. Wir verstecken uns, indem wir unser Gesicht verbergen, und glauben, wenn wir nichts sehen, können wir auch nicht gesehen werden.

Und erst ab ca. dem 1. bis zum 2. Jahr entwickelt sich das

3. – emotionale Selbst, – das emotionale Bewusstsein

Nun erst erfahren wir uns als getrenntes Selbst in einer getrennten Welt. Der grundlegende Dualismus, die Spaltung Subjekt – Objekt findet statt.

Und jetzt beginnt auch die kontinuierliche Entwicklung des

4. – mentalen Selbst, – das mentale Bewusstsein

Wir entwickeln die Fähigkeit unmittelbares Erleben in Bilder, Symbole, Sprache und abstraktes Denken zu übersetzen. Dieser Prozess ist ein kontinuierlicher, der bis zum ca. 7., 8. Lebensjahr andauert.

Es beginnt damit, dass wir erkennen können, dass beispielsweise ein rosa Schnuller und ein blauer Schnuller beide Schnuller sind, und wir erlernen Begriffe, Namen und Worte zuzuteilen, und zu abstrahieren. Katze ist nicht mehr nur die eine, sondern auch alle anderen ähnlichen Tiere.

Das Abstrahieren eröffnet uns eine neue Welt, wir können uns eine Zukunft vorstellen und über Vergangenes reflektieren und wir können uns Sorgen machen und Schuld und Bedauern empfinden.

Und ab dem ca. 7. bis zum 12. Lebensjahr erwacht das

5. – soziale Selbst, – das soziale Bewusstsein

Wir entwickeln die Fähigkeit, uns in jemand anderen hineinzuversetzen, uns einzufühlen. Dies ist ein ganz wichtiger Paradigmenwechsel, denn bisher waren wir extrem ego-zentrisch, alles drehte sich immer nur um uns. Jetzt geschieht eine Öffnung hin zu den anderen. Was ist mein Platz, was meine Rolle in meiner Familie, bei meinen Schulfreunden. Immer wichtiger wird die Zugehörigkeit zu etwas. Die Freundesgruppe, der Fußballverein, im Größeren: die Kultur, Religion, Ideologie und Nationalität. Wir haben uns **von ego-zentrisch hin zu ethno-zentrisch** entwickelt. Die Aufmerksamkeit und Wichtigkeit hat sich vom „Ich“ auf eine „Gruppe“ ausgedehnt.

So etwa zwischen dem 12. und dem 16. Lebensjahr taucht dann zumindest in unserer Kultur die Fähigkeit auf, nicht mehr bloß zu denken, sondern über das Denken zu denken, also zu reflektieren.

Wir entwickeln ein
6. – globales, welt-zentrisches Selbst, – das globale Bewusstsein
Jetzt können wir uns andere mögliche Welten vorstellen, und uns in diese einfühlen. – „Was wäre, wenn, ...“ – wir können von Dingen träumen, die es noch nicht gibt, wir können uns ausmalen, wie sich die Welt verändern könnte, was alles Wirklichkeit werden könnte. Wir erkennen uns als ein Selbst in einer globalen, planetaren Gemeinschaft. Und wir haben die Fähigkeit der Empathie, des sich Ein- und Mit-Fühlens entwickelt und haben gelernt mit unseren Gefühlen auf reife und „glück-bringende“ Art umzugehen.

Wir haben die Schritte von einer ego-zentrischen über eine ethnozentrische hin zu einer **welt-zentrischen** Haltung getan. Meine Gruppe, meine Religion, mein Gott, meine Ideologie ist nicht mehr die einzige. Wir beginnen die Konsens-Realität infrage zu stellen und haben uns zu einer reifen, integrierten Persönlichkeit entwickelt. Und vielleicht haben wir auch schon erste Blicke in ein „höheres Sein“, in Ego-Transzendente Zustände erfahren.

19.3 DIE EBENEN DES TRANS-PERSONALEN SELBST

Im Allgemeinen hört die „Persönlichkeits-Entwicklung“ für die meisten Menschen unserer Zeit hier auf – wenn sie überhaupt so weit gekommen sind – und die meisten können sich auch eine weitere Entwicklung gar nicht richtig vorstellen. Um so wichtiger ist es, zu erforschen, wie und wohin es weiter geht. Denn schließlich wird die Evolution ja nicht hier halt machen.

Um zu erkennen, wie es weiter gehen könnte, gibt es verschiedene Ansätze:

Zu allen Zeiten der Menschheitsgeschichte gab es immer wieder Einzelne und auch Gruppen, die in ihrer Entwicklung der durchschnittlichen Entwicklungsstufe ihrer Zeit und ihrer Mitmenschen voraus und sogar weit voraus waren. Wir können an solchen „Vorreitern“ erkennen, in welche Richtung es weiter gehen könnte.

Aber am verlässlichsten sind erst einmal unsere eigenen Erfahrungen, für einige von uns vielleicht nur vereinzelte sogenannte „Peak-Experiences“, besondere Höhepunkt-Erfahrungen, für andere vielleicht längst ins Leben integrierte spirituelle, trans-personale Praktiken und Erfahrungen.

In meiner persönlichen Entwicklung waren es der vedantische Hinduismus, die tibetische Mystik und der Zen-Buddhismus, die Praxis und Erfahrung des Tantra und vor allem der Nagual-Schamanismus und da vor allem die praktische Anwendung, die mir das Erfahren und Erforschen der trans-personalen und multi-dimensionalen Dimensionen des Mensch-Seins eröffneten.

Und natürlich besteht ein unmittelbarer Zusammenhang zwischen dem Erfahren der trans-personalen Bewusstseins-Zustände und dem Erfahren der nagual-schamanischen „Tänzer-Energien“, jenseits der Konsens-Realität der „Schilde“.

Unschwer zu erkennen ist, dass die als weltzentrisches Selbst beschriebene 6. Bewusstseinsebene mit dem „Durchbrechen“ des **Wassertänzers** zu tun hat. Die Öffnung dafür, dass wir Menschen dieses Spiel „Leben“ gemeinsam spielen, dass wir auf subtile aber nicht zu leugnende Weise miteinander verbunden sind, ermöglicht und erzwingt förmlich eine Herzöffnung und umfassendere, ganzheitlichere Liebeserfahrung als dies bis jetzt möglich war.

Und genauso lassen sich in den in Folge beschriebenen Stufen 7., 8. und 9. die Elementtänzer Erde, Wind und Feuer erkennen. Und durch den Zugang zu diesen Tänzerenergien eröffnen sich unterschiedliche Erfahrens-Möglichkeiten des transpersonalen SELBST durch die jeweiligen „Element-Qualitäten“ der Tänzer. Und so muss diese „Weiter“-Entwicklung auch nicht unbedingt als „Aufstieg“ gesehen werden, sondern bedeutet auf diesen überpersönlichen Ebenen bloß eine Öffnung für das Einfließen unterschiedlicher Erfahrungen des ganzheitlichen SEINS.

Zusätzlich ist es natürlich von essenzieller Bedeutung (und Voraussetzung), dass die „Wirklichkeit“ dieser Bewusstseinsebenen durch zentrierte Montage-Punkt-Stationen ab mindestens Station 4, 5 oder höher „montiert“ wird.

Mit dem Transzendieren der Ego-Persönlichkeit wird auch die Türe zu den möglichen Realitäten, jenseits der einen gesellschaftlich übereingekommen, weit aufgestoßen und der unwiderstehliche Sog des zu erahnenden, nahezu unendlichen Potentials erweckt Neugier, Ehrfurcht und vielleicht bisweilen vorübergehend sogar Angst und Orientierungslosigkeit.

Und auf der nächsten dieser weiterführenden Stufen gelangt man zu der Erfahrung, dass auf gewisse Weise, nicht nur alle Menschen als Menschheit verbunden Eines sind, sondern darüber hinaus **die ganze Welt eine Einheit ist, vielleicht ein Wesen, Gaia, – ein vernetztes Gewebe** – und – es eröffnet sich die Erfahrung des

7. – intregralen Selbst, – ein psychisches / übersinnliches / seelisches Selbst –

ein yogisch/schamanisches Bewusstsein – eine Natur-Mystik.
Nun ist der erste Schritt einer wahren Ego-Transzendenz getan.

Man empfindet sich als eingebundener Faden in einem Gewebe des Ganzen.

Eingeschwungen in dem Netz des Alles, kommt es zunehmend zu über- und außersinnlichen Erfahrungen. Die Intuition und Feinfühligkeit steigert sich enorm, wird vertrauter und man lernt, wann man sich auf sie verlassen kann und wann nicht.
Diese Ebene wird auch mit dem Begriff **„Natur-Mystik“** bezeichnet, da man sich selbst und die Natur als absolut Eines empfindet.

In unserer Gesellschaft hat man sich mit diesem Schritt, der einem mit der gesamten Schöpfung eins werden lässt – aber auch von der kollektiven gesellschaftlichen Übereinkunft über die Welt ein gehöriges Stück weit entfernt – und so tritt das Paradoxon ein, dass man sich einerseits zum ersten Mal richtig verbunden und „zu Hause“ fühlt – und gleichzeitig im alltäglichen Umgang mit den Mitmenschen oftmals isoliert und unverstanden.

Hier findet nicht nur eine „Ego“-Transzendenz statt, es wird die „kollektive Übereinkunft über die Wirklichkeit“ transzendiert.

Somit geschieht eine Öffnung hin zum Erfahren von „transzendenten Phänomenen“ wie tiefe meditative Zustände, ein neues „energetisches“ Wahrnehmen durch das **„Erd-Tänzer-Bewusstsein“**, schamanische Reisen, Visionen und Tier-, Pflanzen- und Mineral-Identifikationen. Die Grenzen zwischen Bewusstsein, Energie und Materie, zwischen Imagination, Denken/Fühlen und Erfahren werden durchlässiger – und ineinander übergehend erlebt.

In weiterer Entwicklung kann die Ego-Transzendenz (und mit ihr auch die Transzendenz der Konsensrealität) aber noch einen wesentlichen weiteren Evolutionsschritt tun und man erlangt das

8. – transpersonale, subtile / feinstoffliche Selbst –

ein archetypisches Bewusstsein, eine Gottes-Mystik

Man erkennt, dass man nicht bloß ein aus Körper, Verstand, Emotionen und Werte-Aspekten bestehendes und an Körperlichkeit gebundenes Selbst ist; – nein – zu der Erfahrung, dass alles, alle Menschen, Tiere, die gesamte Natur, alles Eins sind, kommt die Erkenntnis, dass das alles in „Dir“, in deinem Selbst ist.

„Du“ bist nicht Teil der Natur, die Natur ist Teil von dir.

Ein riesiger Erkenntnisschritt ist getan. Du hast nicht eine Seele, ja nicht mal alle Menschen haben eine Seele, sondern „Du“ bist die „Welt-Seele“.

Ist es schon für die meisten Menschen eine beachtliche Erkenntnis, zu erfahren, dass jeder ein eingebundener Faden im Gewebe des Ganzen ist, – so geht es hier weit darüber hinaus, denn **man erkennt, dass man nicht nur ein eingebundener Faden, sondern das ganze Gewebe ist.**

Mit diesem Schritt hat man sich endgültig befreit von dem Zwang der Konsens-Realität und erfährt diese bloß noch als Sog, dem man nachgeben kann aber nicht muss. Die Möglichkeiten des **Windtänzers** sind so offen und so begrenzt, wie die Imagination dies zulässt.

Und es geht noch weiter hin zum

9. – kausalen Selbst –

das bezeugende Bewusstsein – die Formlose Mystik

Die Erkenntnis und Erfahrung auf dieser Ebene ist, dass die gesamte Welt, auch Körper, Emotionen und Verstand im Bewusstsein sind und nur aus Bewusstsein gemacht sind.

Man ist selbst diese weite Offenheit, in der Manifestationen erscheinen, kurz verweilen und wieder vergehen. „Etwas“ entsteht im Raum des Gewahrseins und bewegt sich durch die Zeit, erscheint in der Leere hinter Raum und Zeit. Es heißt kausal, weil es der schöpferische Grund und die Ursache aller sich entfaltenden Dimensionen ist.

Man erkennt, dass man nicht nur ein Faden im Gewebe ist und dass man auch nicht bloß das ganze Gewebe ist, – nein – man ist auch noch der Webstuhl und der Weber, der das Gewebe erschafft.

Das Selbst-Reflektierende Bewusstsein und das Allumfassende Bewusstsein spiegeln und erkennen einander als ein Bewusstsein.

Man ist in seiner Bewusstseinsentwicklung dort angekommen, wo man bloß noch ein Lichtquant getrennt von der ursprünglichen Quelle ist. Man erfährt sich als **Feuertänzer** – pulsierend, leuchtend, – zugleich rasend, vibrierend schnell – und ruhend in ewiger Stille.

(Ich verweise hier auch noch auf die letzten beiden Kapitel des 1. Teiles des Buches – 9. Das Kausale an der Schwelle des Non-Dualen – und 10. Die Kunst des Beabsichtigens – Das Erwirken von Wirklichkeiten).

Als allerletzte höchste Bewusstseins-Entwicklung, als Selbst, das als solches eigentlich nicht mehr bezeichnet werden kann ist das Non-Duale-Selbst:

10. – non-duale Selbst –

das erleuchtete Bewusstsein – die Nicht-Duale Mystik

Es gibt nur mehr ein „Sein“, keinen Beobachter, kein Beobachtetes und keinen Akt der Beobachtung. – Der **Große-Schläfer-Träumer** – ein Allumfassendes-Eins-und-Alles-Sein.

•••

Es muss uns klar sein, dass zumindest diese drei, vier letzterwähnten höheren Stufen des Bewusstseins, das Erfahren der Tänzerenergien, zu keinem Zeitpunkt der Menschheitsgeschichte ein kollektiver Bewusstseins-Modus waren, sondern stets nur von wenigen

Menschen erreicht wurden. In der Vergangenheit von Yogis und vereinzelten Schamanen, von manchen Mönchen und erleuchteten Weisen und Mystikern.

Man kann aber getrost davon ausgehen, dass allein schon infolge des Bevölkerungswachstums und der Weiterentwicklung, es heute wahrscheinlich mehr Weise und „Erleuchtete“ gibt, als jemals in der Weltgeschichte (wenn man sich auch fragt, wo die sich verstecken).

Wenn wir aber annehmen wollen, dass die Bewusstseins-Entwicklung der menschlichen Evolution in diese Richtung gehen wird, dann ist die nächste spannende Überlegung wohl, wie sich diese Evolutionsstufen im menschlichen Zusammenleben auswirken werden. Wie sieht eine, diesen Entwicklungsstufen entsprechende Wirtschaft aus, wie die Kultur, das Bildungswesen, usw.

Das lässt sich heute noch gar nicht wirklich erfassen – und doch ist es ungeheuer wichtig, zu erahnen, welche Entwicklungen dafür unterstützend sind und welche einem nächsten Evolutionsschritt der Menschen im Weg stehen und entgegenwirken.

19.4 DIE SOZIO-KULTURELLE EVOLUTION

Bei der folgenden Darstellung fällt auf, dass wir noch nicht wissen, wie sich die sozio-kulturelle Entwicklung von jetzt (Stufe 6) in die Zukunft weiter entwickeln wird, deshalb finden sich bei den Stufen 7, 8, 9 und 10 bloß Fragezeichen.

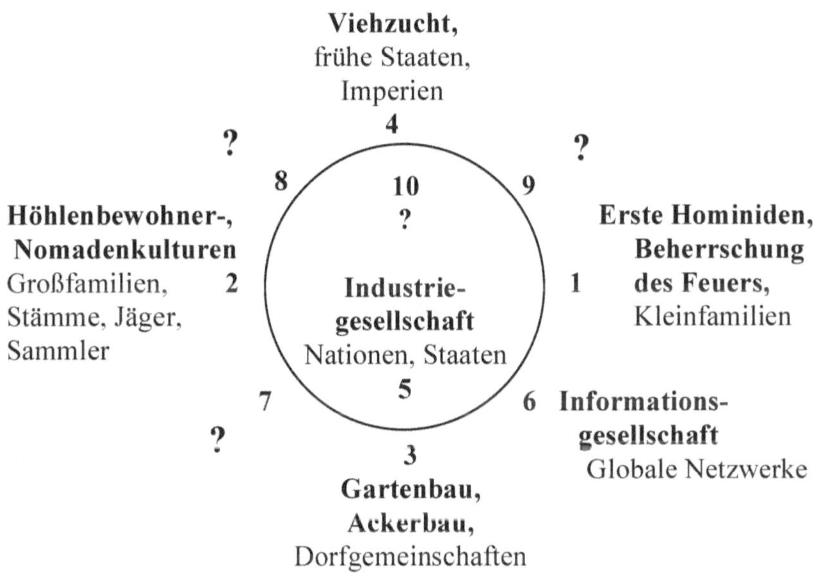

Wenn wir jetzt die Menschen, sowohl individuell als auch kollektiv – zumindest hier in Europa, in Amerika und auch anderen Teilen der Welt betrachten, – so stellen wir fest, dass sie sich im Durchschnitt in Bewusstseinsbereichen zwischen ego-, ethno- und weltzentrisch also 4, 5 und 6 befinden.

- Im unteren (nicht so entwickelten) Bereich – finden wir – jetzt einmal abgesehen von den erstaunlicherweise immer noch wütenden

Radikal-Fundamentalisten – das rational/wissenschaftliche Geld-orientierte Denken und Handeln. Wissenschaft, Wirtschaft, Wachstum, Fortschritt, Konsum, Kapitalismus bis hin zu Neo-Liberalismus sind (noch immer) die unantastbaren heiligen Kühe.

Für das Individuum heißt das, dass es von **ego- und ethnozentrischem** Denken geprägt ist. – Wichtig sind „Ich", die Familie, die Firma, die Rasse, die Klasse, die Nation, die Glaubensgemeinschaft, das Geschlecht, – alles Mögliche, was es erlaubt, dass ein „Wir-Gefühl" und ein „Zusammengehörigkeits-Gefühl", das sich gegen etwas anderes richten kann, aufrechterhalten werden kann. Wir (in krassen Fällen Ich) gegen die anderen – richtig gegen falsch – gut gegen böse – ... und all das, was wir schon hinlänglich beschrieben haben. (Die Welt der Präsidenten Bush und Trump).

- Im oberen (dem weiter entwickelten) Bereich findet man das **soziale** Denken – das Einsetzen für mehr soziale Gerechtigkeit und ethische Werte – und ansatzweise globales, **welt-zentrisches** Bewusstsein, ökologische Ansätze, systemisches Denken, Vernetzungen. Menschen, denen klar ist, dass wir nur eine Menschheit sind und bloß einen Planeten haben – und dass zu diesem Planeten und zu dieser Welt auch alle Tiere, Pflanzen und die Natur mit ihren Rohstoffen dazu gehört – und dass wir alle gemeinsam untergehen oder Lösungen finden.

Bei der Betrachtung und Untersuchung evolutionärer Prozesse muss man sich gewahr sein, dass Evolution sich nicht stetig gleichmäßig fortschreitend entfaltet, sondern dass sowohl bei der kollektiven als auch der individuellen Entwicklung, es immer wieder zu Phasen der Stabilität, Phasen beständigen Wandels sowie auch Phasen kritischer Instabilität kommt. Plötzlich schlägt der Veränderungsprozess eine neue Richtung ein – es kommt zu einem **„Evolutionssprung".** Dies geschieht immer dann, wenn ein System seine Stabilitätsgrenze erreicht hat und chaotisch wird.

Dann kommt es zu einer sogenannten „Bifurkation“, einer Gabelung. Es ergeben sich zwei Möglichkeiten: ein **„break-through“**, also ein Durchbruch oder ein **„break-down“**, ein Zusammenbruch.

– In der Evolution der Arten heißt das, dass eine ausstirbt – oder sich radikal verändert, sich den veränderten Bedingungen anpasst und sich fortan anders weiter entwickelt.

– In unserem menschlichen sozio-kulturellen Zusammenhang kommt es entweder zum Zusammenbruch einer bestimmten Gesellschaft oder sie schafft den Durchbruch zu einer passenderen Form und wird eine neue Art von Gesellschaft.

Es ist nicht schwer zu erkennen, dass wir heute genau vor so einem Evolutionssprung stehen. Und dieser ist ein sehr umfassender, denn betroffen ist praktisch jeder Aspekt der menschlichen Gesellschaft – Politik, Wirtschaft, Umwelt. In der Vergangenheit waren solche Umbrüche meist lokal, national oder regional begrenzt. Der heutige ist global, die wirtschaftliche Globalisierung und die ökologische und politische Welt-Situation lässt ihn Planeten-umfassende Dimensionen erreichen.

Wir stehen direkt an dieser Weggabelung, mit etwas Pessimismus – oder leider sogar vielleicht realistischerer Einschätzung der Situation – haben wir die Abzweigung schon verpasst und müssen schon ein Stück weit zurückrudern.

Wie genau können wir das tun? Was können wir als Einzelner und vielleicht als Kollektiv dazu beitragen, dass es zur gewünschten (notwendigen) Veränderung und Entwicklung kommen kann?

Eines gleich vorweg:

Zu sagen: „Was bitte kann ich als Einzelner angesichts dieser überwältigenden und unübersichtlichen globalen Situation schon groß beitragen?“, wird nicht genügen. Und meist folgen dann viele kluge Sätze, die alle mit „Es bräuchte ...“ beginnen und oftmals mit einem resignierenden „..., aber all das liegt nicht in meinem Einflussbereich." enden. Und ich spreche hier aus eigener Erfahrung, viele solche Sätze schon gesagt zu haben.

Die Parabel vom Kolibri:

In einem meiner Seminare hat mir ein Teilnehmer eine Parabel erzählt, die mich sehr beeindruckt hat:

... Der Urwald brennt. Alles in Flammen so weit man sieht. Die Tiere rennen aufgeregt herum, kopflos, ratlos, in Panik. Ein Kolibri fliegt zum nahen Fluss, nimmt Wasser in seinen Schnabel auf, fliegt an den Rand der Flammen und spukt das Wasser ins Feuer. Er fliegt zurück zum Fluss und wiederholt das – immer wieder, immer wieder.

Das Warzenschwein ruft ihm zu: „Sag' was soll das, was glaubst du, was du damit bewirkst?"

Der Kolibri antwortet. „Ich leiste meinen Beitrag". ...

Nun, was können wir Kolibris tun, wie kann es von hier weitergehen?

20.
WENN ES ALSO HIN ZUR ERLEUCHTUNG GEHEN SOLL

So wird es absolut unerlässlich sein, dass wir eine Art „Neues Bewusstsein“ entwickeln müssen, so wir Frieden und Wohlbefinden für möglichst viele Menschen und alle Wesen auf dieser Erde erreichen wollen. Wir werden uns dazu entscheiden müssen, miteinander zu leben, anstatt gegeneinander, uns selbst als Teil der Natur wiedereinzugliedern, anstatt die Natur rücksichtslos auszubeuten und zu vernichten. Und wahrscheinlich müssen wir auch – jeder von uns – daran arbeiten, seine wirklich höchste Möglichkeit zu leben und einzubringen.

Wie wir feststellen konnten, führt die individuelle Evolution des Menschen über das Überwinden des „egoistischen“, ego-zentrischen sowie des „wir-gegen-die-anderen“, ethno-zentrischen Bewusstseins hin zu einem welt-zentrischen und globalen Bewusstsein. (Erst von dort dann weiter in die trans-personalen Bereiche).

So steht am Anfang des Weges unausweichlich dieser erste Schritt der Ego-Transzendenz, das Sich-Öffnen zum **kollektiven welt-zentrischen „Wir-Menschheit-Sein“.**

Das Loslassen des übertriebenen Selbst-Fokus und das Einlassen auf ein „Miteinander“, als Teil der Menschheit und schließlich Teil des Gesamtkosmos, sind die nächsten Entwicklungsschritte, die wir als Kollektiv wagen müssen.

Dazu ein **Zitat** von dem großartigen österreichischen Wissenschaftler und Denker, dem Nobelpreisträger und Begründer der Quantenmechanik, **Erwin Schrödinger**:

... (es hat sich gezeigt*), dass ein spezieller, ursprünglich arterhaltender Charakterzug in der weiteren Entwicklung sich als schädlich*

herausstellen kann, ganz so ist allgemein die ***egoistische Einstellung*** *für das einzellebende Tier eine arterhaltende Tugend, wird dagegen artschädlich für das in Gemeinschaft mit anderen lebende. Phylogenetisch* (Entwicklungsgeschichtlich, G.G.) *alte Staatenbildner wie die Ameisen und Bienen haben daher den Egoismus längst abgelegt. Der in dieser Hinsicht offenbar viel jüngere Mensch ist erst in Begriffe, das zu tun,* ***die Umbildung ist bei uns eben im Gange****. Sie muss sich mit naturgesetzlicher Notwendigkeit vollziehen, denn ein Tier, das zu Staatenbildung schreitet, ohne den Egoismus abzulegen, wird zu Grunde gehen; es werden also nur solche Staatenbildner schließlich erhalten bleiben, die diese Wandlung durchmachen. (...) in der* ***Tatsache, dass*** *jedem normal veranlagten Menschen von heute die Uneigennützigkeit als unbezweifelter* ***theoretischer*** *Wertmesser, als ideale Richtschnur des Handelns gilt (...), erblicke ich also ein Anzeichen dafür, dass wir am Beginn einer biologischen Umbildung von egoistischer zu altruistischer Einstellung stehen. (...) es ist der erste Schritt auf dem Wege der Umbildung des Menschen zu einem animal sociale. ...*
Erwin Schrödinger; Mein Leben, meine Weltansicht.

Hierzu bedarf es doch einiger Anmerkungen:

Im Prinzip hat Schrödinger schon recht, wenn er meint, dass wir uns am Beginn einer Entwicklung hin zu einem wirklich sozialen Wesen befinden. Wenn er aber meint, dass uns Ameisen und Bienen bei dieser Entwicklung schon einige, wesentliche Schritte voraus sind, so werden hier vielleicht Äpfel mit Birnen verglichen, denn es ist wahrscheinlich nicht davon auszugehen, dass Ameisen oder Bienen in ihrer Entwicklung ein Stadium der „Individuation“ zu einem selbstbewussten Ego im Jung'schen Sinn erfahren, geschweige denn „transzendiert“, (also integriert und überschritten) haben. Ich weiß allerdings auch nicht, ob Bienen oder Ameisen so eine Entwicklung notwendigerweise vollziehen müssen, um sich hin zu ihrer höchsten Möglichkeit als Biene oder Ameise zu entwickeln, bzw. ob das Bewusstsein, das sich als Biene oder Ameise und damit als „animal soziale“ erfahren will, so eine Entwicklung überhaupt vorgesehen hat oder anstrebenswert findet. Da es Ameisen schon seit ca. 100 Millionen Jahren gibt, hätten sie allerdings so eine Entwicklung, falls sie erforderlich wäre, eventuell schon hinter sich. Uns Menschen und unseren höchsten Möglichkeiten scheint diese Entwicklung jedenfalls nicht erspart zu bleiben.

Zitat C.G.Jung:
... *„Individuation bedeutet: zum Einzelwesen werden, und, insofern wir unter Individualität unsere innerste, letzte und unvergleichbare Einzigartigkeit verstehen, zum eigenen Selbst werden. Man könnte ‚Individuation‘ darum auch als ‚Verselbstung‘ oder als ‚Selbstverwirklichung‘ übersetzen.“*...
C.G.Jung; Gesammelte Werke 7.

Diese Entwicklung zu einem eigenständigen Selbst ist für uns Menschen wohl erst mal nötig, um danach im Zusammenspiel mit anderen entwickelten „Selbsten“ ein soziales, weltzentrisch geöffnetes „animal-sozial-Wesen“ zu werden – oder besser – ein gemeinschaftliches Menschen-Bild zu leben. Dass Schrödinger es als eine Tatsache sieht, *„dass jedem normal veranlagten Menschen von heute die Uneigennützigkeit als unbezweifelter theoretischer Wertmesser, als ideale Richtschnur des Handelns gilt“* – ist eine sehr positive, recht optimistische Ansicht.

Wichtig, bei diesem Werden zu einem (humanen) „animal-sozial-Wesen“, ist wohl, dass dies auf mindestens einer global, holistisch integrierten Bewusstseins-Stufe geschieht, ansonsten bestünde die Gefahr eines Rückfalls in dumpfes Herden-Menschentier-Verhalten mit entsprechendem Massenpsychose-Bewusstsein. (Siehe manche der politischen Entwicklungen und Ideologien des 20.Jhts.).

Trotzdem möchte ich hier ein Phänomen ansprechen, dass im Allgemeinen als „Schwarm-Intelligenz“ bekannt ist. Man bezeichnet es so, wegen des verblüffend intelligenten Verhaltens von Vogel- bzw. Fischschwärmen.

Noch einmal zurück zu Schrödingers Ameisen. In Relation zum Gesamtkörper wiegt ein menschliches Gehirn 2 Prozent des Körpergewichts. Ein Ameisenhirn hat einen 6 Prozentanteil zum Gesamtgewicht der Ameise. Das ist immerhin 3 mal so viel. Natürlich kommt es nicht nur aufs Gewicht an, sondern auch auf die Schaltkreise und die Art der Vernetzung. Aber dennoch kann es zu denken geben, dass in einem relativ kleinen Ameisenhaufen mit einer Population von 40.000 Tieren ungefähr so viele Gehirnzellen zusammenwirken, wie in einem menschlichen Gehirn. Ein Ameisenstaat kann aber auch aus bis zu mehreren Millionen Tieren bestehen und wie genau vernetzt sie wirklich sind, ist kaum erforscht. Man kann diesen Gedanken weiterdenken auf das Zusammenwirken vieler Blätter eines Baumes und vieler Bäume eines Waldes – bis hin zu der „Schwarm-Intelligenz“ eines ganzen Planeten – oder Sonnensystems.

Und zurück zu Schrödingers „animal soziale“. – Was könnten wir für eine „Menschheit“ sein, wären wir Individuen, die ein transpersonales Bewusstsein erreicht haben und als solche in einem weitgehend „erleuchteten“ Seelenfeld, (als 15) vernetzt und verbunden.

Nun zurück zur Entwicklung hin zum globalen Bewusstsein:

Verschiedene Stufen gleichzeitig:

Eines der Probleme, das uns heute zu schaffen macht, ist, dass in manchen Bereichen, die – wohl letztlich in allen stattfinden werdende – Entwicklung vom Einzelnen zum Globalen, vom Selbst-Fokus zum Gemeinschafts-Fokus, sich schon vollzieht – siehe globale wirtschaftliche, kulturelle und politische Entwicklungen, – während diese Entwicklung bei den einzelnen Menschen noch so gut wie gar nicht angekommen ist.

So ist es zu verstehen, das anstelle einer, der welt-zentrischen, globalen Bewusstseinsstufe entsprechenden echten „Globalisierung“ – in der die Menschen zusammenrücken als eine Menschheit, – internationale Konzerne und die Finanzwirtschaft diesen Begriff benutzen, um neo-liberale Wirtschafts-Ideologien und Raubtier-Kapitalismus über die ganze Erde zu breiten – und die Schere zwischen Arm und Reich immer noch weiter auseinanderklaffen zu lassen. Also, was uns heute von den multinationalen Konzernen und Regierungen als „Globalisierung“ verkauft wird, ist in Wahrheit der pure imperialistische Kolonialismus.

Dies ist so, weil in den Chefetagen und Vorstandsbüros im überwiegendem Ausmaß das ego-zentrische Bewusstsein sitzt und genau dieses auch in den Konsumenten durch die „Geiz-ist-Geil“- Mentalität beworben und gefördert wird. All dies steht dem erforderlichen gemeinschaftlichen Miteinander krass gegenüber.

Und ja, es gibt auch – leider viel zu wenige – verantwortungsvolle und philanthropisch orientierte und handelnde Führungspersönlichkeiten und Privatstiftungen, die recht beachtliche Beiträge für globale Entwicklung, Bildung und Gesundheit leisten, wie z.B. die Bill & Melinda Gates Foundation, Warren Buffet und manche, hoffentlich mehr werdende andere. Wobei immer noch die Frage offen bleibt, wie und warum es zu solch unglaublichen, geradezu obszönen Anhäufungen an Kapital und damit auch Macht in einzelnen Händen kommen kann. Man kann bloß hoffen, dass solche Superreichen sich ihrer Verantwortung bewusst sind und ihre Macht zum Wohl der Menschheit wenigstens nicht missbrauchen, wenn schon nicht sinnvoll einsetzen (Bildung!).

Im Großen und Ganzen ist es aber leider doch so, dass im überwiegenden Ausmaß ego- und ethno-zentrisch geleitete und motivierte Personen und Machtkonstellationen an den Hebeln der Macht sitzen, sowohl wirtschaftlich als auch politisch – und gleichzeitig stehen ihnen aber die Möglichkeiten einer globalen Welt als Spielbrett zur Verfügung. Das für dieses Spielbrett vorgesehene, einer globalen geeinten Menschheit gerechte Spiel, wird nicht gespielt. Man macht sich seine eigenen Regeln.

Und dies wird auch noch frech begründet und gerechtfertigt, indem man behauptet, dass eine völlig unkontrollierte Wirtschaft sich quasi selbst regulieren würde. Man nennt das nach Adam Smith, dem Papst aller Ego-Kapitalisten, die unsichtbare Hand, die angeblich dafür sorgt, dass, wenn einmal die wenigen „oben" reich wären, dann dieser Reichtum durchsickern würde zu allen, bis es schließlich jedem gut geht.

Besonders einfältige Politiker beten das nach und fordern in Wahlkämpfen vehement „das Entfesseln der Wirtschaft" und behaupten frech, dass: „Geht's der Wirtschaft gut, geht's uns allen gut".

Wieso besitzen dann die reichsten 1% mehr als die restlichen 99% zusammen? – (Diese Zahlen stammen vom Weltwirtschaftsforum in Davos im Jänner, 2015).

Man hat hier wohl nicht mit der grenzenlosen Gier gerechnet. Wie viele Milliarden sind den Wenigen da oben eigentlich genug? – Da sickert nichts durch!

Eine weitere Seltsamkeit, die von den gleichen Politikern immer wieder verlangt wird, ist **„mehr Wachstum"**. Laut dem „Living Planet Report 2012" verbraucht die Menschheit momentan pro Jahr ungefähr 1½ Planeten Erde, um ihren Bedarf zu decken. (2030 2 Planeten, 2050 3 Planeten). Hätten wir ein Wachstum von 2,5 %, so wären das 10 mal so viel in Hundert Jahren, also 15 Planeten, und in 1000 Jahren 10.000 Millionen mal so viel. (Zahlen von David Bohm). Das ist völlig absurd – das muss einfach aufhören!

Wir brauchen ein verändertes Weltbild, das der grundsätzlich ökologischen Realität der gegenseitigen Abhängigkeit aller Phäno-

mene unserer Welt entspricht. Wir sind eingebettet in größere Systeme – eingebettet in die Prozesse der Natur.
Das mechanistische Weltbild des Newton und Descartes hat uns nahe an den Untergang gebracht. Ein Paradigmenwechsel hin zu einem systemischen Weltbild ist absolut notwendig. Ohne diesen haben wir keine Zukunft.

Wachstum in einer lebenden Welt kann nicht endlose Expansion bedeuten. – Wachstum heute – **muss heißen: inneres Wachstum – und innere Entwicklung zur Reife.**

Wir brauchen eine nachhaltige, zukunftsfähige, tragfähige, bestanderhaltende, erneuerbare Gesellschaft, – das ist eine Gesellschaft, die ihre Bedürfnisse befriedigt, ohne die Chancen zukünftiger Generationen zu beschneiden. – (Und das in dieser Hinsicht absolut absurdeste ist wohl die Atomkraft!)

Ein weiteres Problem, das sich daraus ergibt, dass **die verschiedensten Bewusstseinsstufen heute alle gleichzeitig** auf dem Planeten vorkommen ist folgendes:

Politisch-fundamental-religiöse Bewegungen, wie beispielsweise die **I.S.** (Islamischer Staat), deren Bewusstseinsniveau der frühen magischen, höchstens der mythischen Stufe entspricht, verfügen über Waffen, die erst durch die Technologie der spät-rational-wissenschaftlichen Bewusstseinsstufe ermöglicht wurden.

Es wäre immer noch schlimm genug, aber bei weitem nicht so schlimm, wären solche Gruppen, ihrem Bewusstseinsniveau entsprechend, mit Krummschwertern und Steinschleudern bewaffnet und nicht mit Panzern und Raketenwerfern. Aber skrupellose egozentrische Bereicherungsinteressen einzelner Menschen, Konzerne und ganzer Staaten haben uns dieses Dilemma beschert, und die „unsichtbare Hand“, der sich selbst überlassenen Wirtschaft hat es offensichtlich nicht verhindern wollen. (Oder war zu beschäftigt damit, sich zu bereichern).

Nun ist es aber nicht nur so, dass es diese unterschiedlichen Bewusstseins-Ebenen bei verschiedenen Menschen und Gruppierungen gibt und sich dadurch Reibungen und Schwierigkeiten ergeben, diese Unterschiede gibt es auch für jeden Einzelnen innerhalb seines Erlebens der Wirklichkeit.

Es ist hilfreich zu wissen und sich gewahr zu sein, dass auch, wenn man sich im Durchschnitt seines Lebens auf einer vielleicht sogar fortgeschrittenen Bewusstseins-Ebene befindet, es sein kann, dass man in bestimmten Situationen seines Lebens sich durchaus auch der Denk- und Handlungsweisen anderer Ebenen bedient und fallweise vielleicht sogar bedienen muss.

Denn **die erlebte Wirklichkeit ist eine sehr vielschichtige**, da wir sie jeweils auch in unseren physischen, emotionalen, mentalen, sozialen und spirituellen Seins-Aspekten durchaus recht unterschiedlich erleben.

- Also **Wirklichkeit ist nicht etwas, was einfach da draußen so rumliegt**, um von jedermann bloß erfahren zu werden, sondern sie wird von jedermann gemäß seiner Bewusstseins-Entwicklung zumindest mit-gestaltet und dann entsprechend erlebt.

Daraus lässt sich durchaus folgern, dass wir unser Bewusstsein weiter entwickeln müssen, so wir eine andere Wirklichkeit erleben wollen. – Je höher unsere Bewusstseinsentwicklung, desto höher und dieser entsprechend ist auch die Wirklichkeit, die wir „erwirken“ (kreieren/erfahren).

Zurück zum „Kolibri" – Was können wir alle tun?

Natürlich scheint (in dieser Parabel) die Wirkung des einzelnen Kolibris keine großartig überzeugend verändernde zu sein, doch angesichts der großen Anzahl individueller Mitspieler im globalen Geschehen in unserem Urwald, sieht die Sache schon anders aus.

Man erinnere sich in diesem Zusammenhang an die Theorie des 100sten Affen (Teil 1, Kapitel 4.5.1). Denn abgesehen von den vielen, vielen kleinen Kolibris und mancher orientierungsloser Warzenschweine, und den mindestens 100 potentiellen Affen sowieso, gibt es in unserem Urwald ja auch noch viele andere Tiere, darunter auch noch **ganz andere!** Und natürlich sollte/müsste jedes/r nach seinen Möglichkeiten und Fähigkeiten seinen Beitrag leisten.

Und die Bandbreite solcher Beiträge ist so groß, wie unsere Imagination dies zulässt. Und wahrscheinlich bedarf es einer ausgewogenen Mischung aus unlimitierter Vorstellungskraft, mutiger Träume, ungewöhnlicher Ideen, entschlossener Einstellungsänderungen und einer wahren Unzahl an größeren und kleineren „Kolibriartigen" Verhaltensänderungen.

Wenn ich jetzt in diesem Kapitel weiter darüber spekuliere, was in dieser „Der-Urwald-brennt-Situation" getan werden könnte, so möge mir der geschätzte Leser und die geschätzte Leserin verzeihen, wenn ich dabei auch recht banale „das weiß doch wirklich schon jeder"- und „das tun wir doch eh alle schon längst"- Dinge anspreche. Ich weiß aus eigener Erfahrung, dass Erinnerung (zumindest mir) manchmal not und auch gut tut.

Meine wirkliche, wahre, hauptsächliche Intention und Hoffnung ist allerdings, dass sich mehr und mehr Menschen daran machen, die im Teil 1, Kapitel 11 beschriebenen spirituellen Techniken des „Beabsichtigens" und des „Erwirkens von Wirklichkeiten" in ihr Leben zu integrieren und so neue Möglichkeiten zu imaginieren, um sie aus höheren Dimensionen ins Sein zu entfalten.

Und trotzdem – und der Leser möge mir das verzeihen – möchte ich doch diese „bodenständigen", alltäglichen Möglichkeiten und Notwendigkeiten ansprechen.

Meine langjährigen persönlichen Erfahrungen mit Buddhismus, Brahmanismus, Taoismus und vor allem mit dem Nagual-Schamanismus, – bringen mich zu der Einsicht, dass die sinnvollste Vorbereitung für diesen „Kurswechsel", für diesen anstehenden Evolutionssprung – zumindest für mich – aus mehreren parallel zu beschreitenden Wegen besteht:

Erst mal geht es darum, ein starkes und vertieftes **höherdimensionales, ganzheitliches Sein** und die immer wieder erfahrbaren „Peak-Momente" und trans-personalen Zustände mehr und mehr **als das „normale Sein" zu etablieren**.
Und es geht um eine Öffnung hin zu tiefen Erfahrungen und dem **Verfestigen der spirituellen Werte**, wie Achtsamkeit, Authentizität, Integrität, Sinnorientierung und globale Verantwortung und darum, diese ins Sein des Alltags einzuladen und tatkräftig einzubinden.

Hilfreich dabei können sein:

Meditation, wenn möglich eine in die Stille gehende Meditation, ohne Atem-zählen oder Mandalas-schauen oder Mantras-beten, **einfach nur Stille.**

Möglichst viel Zeit in möglichst unberührter Natur zu verbringen, **auch bei Nacht** – am Besten alleine! Denn waren wir als unsere tierischen Vorfahren auf unbewusste, instinktive Art Eins und verbunden mit der Natur – so können und sollten wir diese Verbindung jetzt auf bewusste, wertschätzende Art in unser Leben integrieren.

Und dann ist da natürlich all die

nagual-schamanische Traum und Trance-Arbeit, wie das Gemeinsam-Beabsichtigende-Träumen und das Entwickeln und Perfektionieren anderer sogenannter **Nagual-Fähigkeiten**, wie Pirschen, Träumen, Sehen, Gestalt-wechseln und Beabsichtigen.
(Ausführlich beschrieben in Teil 1).

Und ein ganz wichtiger Aspekt ist das bewusste Relativieren und Hinterfragen der allgemeinen Konsens-Realität und das Erlangen einer unabhängigeren und mutigeren Einstellung zur „Wirklichkeits-Gestaltung" – am Besten durch das Durchschreiten der **„Fünf Schritte des Erwachens"** (siehe Teil 1, Kapitel 2)

Ein weiterer (vielleicht banaler, aber) ganz wichtiger Punkt ist wohl ein **bewusstes verändertes Konsumverhalten**. Die Frage, wobei will ich mitmachen, und in welchem Ausmaß – und wie kann ich meinen **„ökologischen Fußabdruck"** so gestalten, dass es für mich und für kommende Generationen vertretbar ist.

Wenn es offensichtlich schon wirklich so weit ist, dass die Demokratie von den Finanzmärkten und multinationalen Konzernen und ihren Handlangern und Lobbyisten, wovon mehr und mehr in Politikerkreisen zu finden sind, weitestgehend ausgehebelt und umgangen wird, – man denke nur an die TTIP-Verträge und sonstiges mehr, – so bleibt uns als Konsument doch immer noch eine ganz wichtige und entscheidende Einflussmöglichkeit:

Jedes Produkt, das wir kaufen, jeder Artikel, der über den Strichcodeleser an der Supermarktkasse gezogen wird, ist ein Stimmzettel, mit dem wir über unsere Zukunft abstimmen.

Was wir kaufen, wird wieder bestellt, wieder erzeugt, beworben und verkauft. Es liegt an uns, was das ist.

Und vielleicht sollten wir uns weitestgehend rauswinden aus der Gewalt des Konsumterrors, vielleicht sollten wir den **Kultur-Einheitsbrei verweigern und aufhören den** (zwar kurzzeitig glitzernden aber letztlich viel länger stinkenden) **Mist zu konsumieren**, den die multinationalen Konzerne aus dem Blut, den Eingeweiden und Knochen unserer leidenden Mutter Erde zusammenkleistern.

Und vielleicht ist es ja wirklich auch höchst an der Zeit, dass wir mehr und mehr unserer „Kultur" selbst in die Hand nehmen und sie eigenständig und selbstbestimmt gestalten. Und dazu kann gehören, weniger Fernsehen, Zeitungen, Magazine – mehr Wichtigkeit den „eigenen News", den eigenen Geschichten, der eigenen (auch spirituellen) Entwicklung, der unmittelbaren Umgebung und dem eigenen Einflussbereich. Solange unsere Aufmerksamkeit gefangen ist von den Empörungen über die I.S, die U.S oder die S.U. oder die E.U., solange die Alltagsaufgeregtheiten der Boulevardzeitungen in unseren Gehirnen spuken, sind wir in gewisser Weise besessen, zumindest besetzt – und es könnte sein, dass wir so unsere Kraft weg geben, die besser eingesetzt wäre, sich darum zu kümmern, was wirklich in unserem Einflussbereich, wichtig für uns, und von uns mitbestimmbar und gestaltbar ist. Und das wäre wohl eher unsere unmittelbare Umgebung, die Familie, die Freundschaften, Beziehungen, Erfüllung im Beruf, das Zusammentun mit Gleichgesinnten, das Teilen unserer Hoffnungen, Sorgen, Pläne, Visionen, unsere persönliche Weiterentwicklung und SELBST-Entfaltung.

Und dieses Besinnen auf das persönliche Umfeld und unseren wirklichen Einflussbereich ist nicht mit einem „neuen Biedermeier" zu verwechseln, denn es soll nicht zum Rückzug und zum „Sich-abkapseln" führen, sondern ganz im Gegenteil zu einem neuen, alternativen Lebens-Entwurf. Ein selbstbewusstes und selbstbestimmtes Gestalten einer Wirklichkeit, die sich im Einklang mit den höheren spirituellen Werten und im Bewusstsein des Eingebunden-Seins im Gefüge des Alles entfalten kann und vor allem auch die „Wesenhaftigkeit" des Mensch-Seins miteinbezieht. Viele, wenn nicht gar die meisten der Probleme, der wir uns als Menschheit im

21.Jahrhundert stellen müssen, sind sicherlich durch unsere abspaltende, fragmentierende, unvollständig integrierende Bewusstseinsentwicklung entstanden. – Und es braucht dringendst ein sich „Wieder-Öffnen“ hin zu den heilenden Kräften der Natur, zu den beglückenden Erfahrungen eines sinnlichen Da-Seins und ein mutiges selbstbestimmtes Gestalten eines Wirkungsfeldes, das uns und allen, die wir durch unser Leben berühren, eine lebenswerte Welt, ein sinnerfülltes Leben und spannende und glücklich-machende Begegnungen ermöglicht.

Und dafür, dass dies auch gelingt, wird es nötig sein, in diesen „großen Spiegel“ des täglichen Teilnehmens an und in der Welt, ehrlich und mutig hineinzusehen und uns neben den eben erwähnten Einstellungs- und Verhaltensänderungen, auch auf Bewusstwerdungs-Arbeit und aktives Beabsichtigendes-Imaginierendes-Träumen einzulassen.

Ich verweise hier nochmals auf die im Teil 1 im Anhang vorgestellte Technik der **„Kunst des Beabsichtigens zum Erwirken von Wirklichkeiten“** und ermutige noch einmal zum Erlernen, Üben und Anwenden dieser Techniken.

Ende Teil 3

Hardcover:
ISBN 978-3-96051-891-4
Paperback:
ISBN 978-3-96240-009-5
e-Book:
ISBN 978-3-96240-010-1

Was ist Wirklichkeit? Wie entsteht sie? Wer erschafft sie? Wie „wirklich" ist sie? Ist sie die gleiche für uns alle? Wie viel Gestaltungsmacht hat jeder von uns? Und wir alle gemeinsam? – Wie funktioniert das Zusammenspiel von Bewusstsein, Energie, Materie? Von Geist, Seele, Körper? Von Zeit, Raum und den Erfahrens-Dimensionen von Leben und Tod?

Der Autor liefert erstaunliche, faszinierende Antworten. Uraltes schamanisches Erfahrungs-Wissen, Erkenntnisse der Neuen Physik und spirituelle Östliche-Weisheitslehren verweben sich zu einer inspirierenden Erkenntnis-Übereinstimmung, die uns einlädt, selbst zu hinterfragen, zu experimentieren und zu gestalten.

Hardcover:
ISBN 978-3-96240-008-8
Paperback:
ISBN 978-3-96051-933-1
e-Book:
ISBN 978-3-96240-007-1

Es ist eine Sache theoretisch zu verstehen, wie wir unsere Wirklichkeit zusammensetzen (Teil 1 der Trilogie), aber es ist eine völlig andere Sache, aus der „Konsens-Realität" auszusteigen, die Welt anzuhalten und eine ganz andere zu betreten. Das Auge einer Eidechse sieht für uns Unvorstellbares – und doch kann man es erlernen und erfahren. – Es werden uns die „Nagual-Fähigkeiten": Sehen, Pirschen, Träumen, Gestalt-wechseln und Beabsichtigen anhand persönlicher Erlebnisberichte nähergebracht und der Autor enthüllt als Nagual einer Träumer-Linie des toltekischen Schamanismus die Kunst des Gemeinsam-Beabsichtigenden-Träumens – und offenbart sehr intime, persönliche Erfahrungen in anderen Wirklichkeiten – in ganz anderen.

www.nagual-schamanismus.com

www.advanced-trainings.eu

g-gold@aon.at

Zeitfracht Medien GmbH
Ferdinand-Jühlke-Straße 7
99095 Erfurt, Deutschland
produktsicherheit@kolibri360.de